緒方貞子
戦争が終わらないこの世界で

小山靖史

もくじ

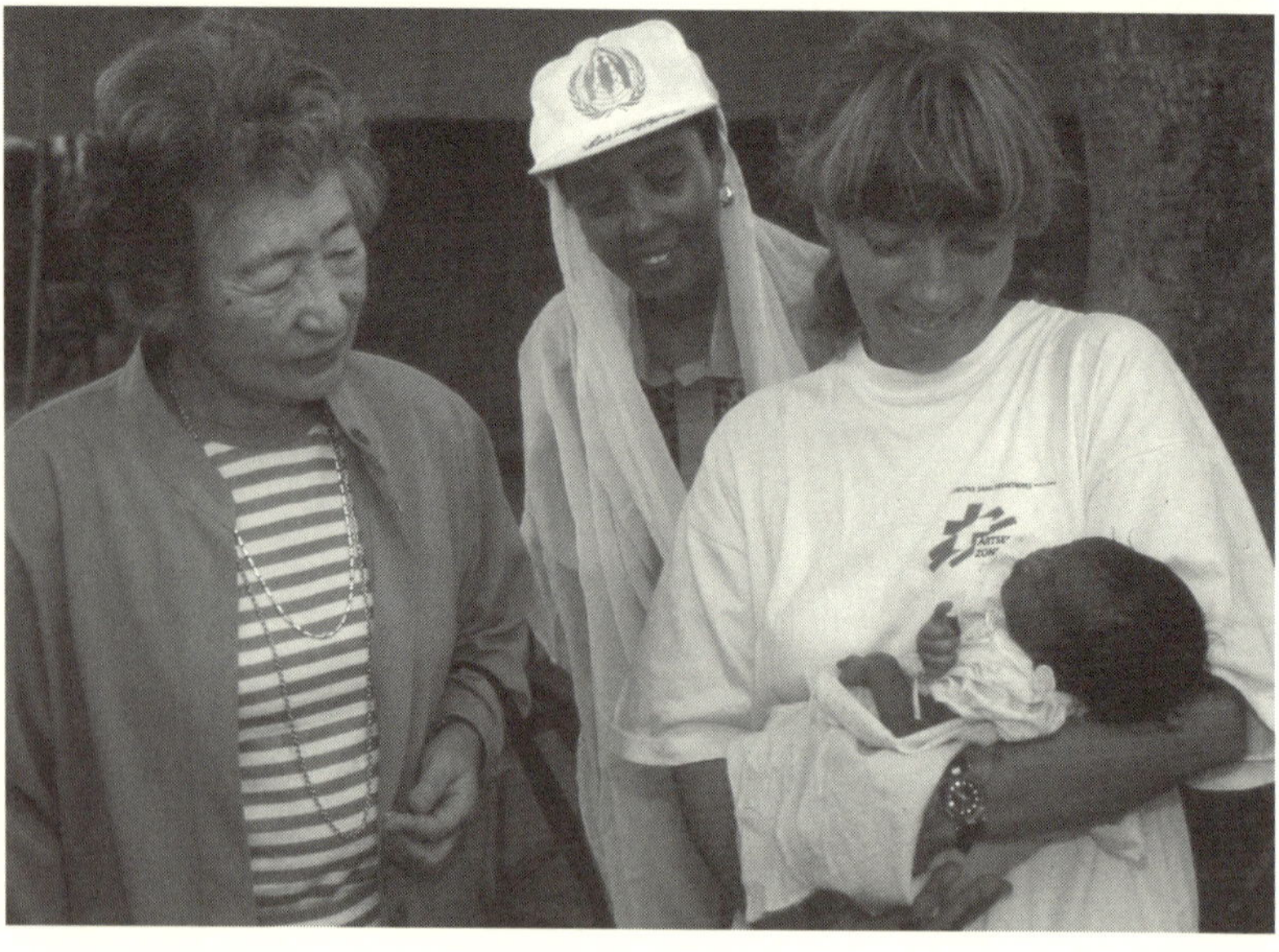

右上：ルワンダ難民の子どもたちと。1995年（UNHCR/P. Moumtzis）
右下：ケニアの難民キャンプにて。1993年（UNHCR/P. Moumtzis）
左：旧ユーゴスラビア紛争で防弾チョッキを着て視察。1992年（UNHCR/S. Foa）

刊行によせて

私が国際協力機構（ＪＩＣＡ）理事長の任務を終えて間もない二〇一二年夏、ＮＨＫディレクターの小山靖史《こやまやすし》さんが来訪し、私のライフヒストリーを通じて、若い世代に戦争について伝える番組を制作したいとの申し入れがありました。

次世代の人びとが、日本の経てきた歴史と今も世界で続く紛争について理解することの重要性は、私自身が強く感じていることでしたので、その点でお役に立てるのであればと考え、申し入れを受けることにしました。

それから約一年にわたり、相当時間のインタビューや、講義、スピーチの撮影、出張同行取材などが行われました。正直に言って、これらを煩わしく感じ、番組制作への同意を後悔したことがないわけではありませんでした。また、国連難民高等弁務官事務所（ＵＮＨＣＲ）のかつての同僚や、教え子、同級生などに対しても、私に関するインタビューなどが行われていると聞き、この人たちに負担をかけていることを申し訳なくも感じました。

しかし、一度引き受けたことでしたし、小山さんの取材態度は非常に真摯《しんし》なものでしたので、全てをお任せすることにしました。

そうして完成した番組（ＮＨＫスペシャル「緒方貞子〜戦争が終わらない この世界で〜」二〇一三年八月十七日〈土〉放送）は、私のさまざまな形での戦争との関わりを分かりやすく描いた上で、最後に、今も世界各地で人々が紛争に脅かされている状況にどう向き合えばよいのかを視聴者に問いかけるものになりました。

番組終了後、小山さんに見せていただいた視聴者からのコメントには、日中戦争・太平洋戦争をめぐる日本における無責任体制や、人道援助機関トップとしての判断基準などに言及するものも多く、番組制作の意図が達せられたように感じられました。

本書は、番組の制作過程で収集したさまざまな記録を小山さんが時代ごとに整理し直してまとめたものです。本書が、特に若い世代の方々が、先の戦争や、今も世界各地で紛争が続く状況を見つめ直し、なぜそのような事態に至ったのか、国際社会や日本がどう対応すればこのような状況を防げるのかをじっくり考えるきっかけになることを期待しています。

緒方貞子

デザイン……河合千明
校正…………小森里美
ＤＴＰ………株式会社明昌堂

プロローグ

戦争について、今を生きる日本人にメッセージが届くようにするには、どうすれば良いのか……。緒方貞子《おがたさだこ》さんを取材することになったのは、このような自分への問いかけがきっかけだった。

NHKでは、毎年夏、戦争と平和について考える特集番組を放送している。その制作に関わりながら、私は、太平洋戦争について伝えるだけでは、今の視聴者にはメッセージが響きにくくなっている、と感じていた。

戦争体験を〝点〟ではなく、もっと〝線〟として語れる人はいないだろうか……。つまり昔の話としてではなく、過去から現在まで、ずっと戦争と向き合ってきた日本人のメッセージを伝えたい……。そんなことを考えていた時、緒方貞子さんの名前が頭に浮かんだ。

緒方さんは、難民を救うための国連機関・国連難民高等弁務官事務所（UNHCR）のトップを、一九九一（平成三）年から二〇〇〇（平成十三）年まで三期十年にわたって務めた。

緒方さんがＵＮＨＣＲで仕事をした十年間。それは、世界が未曾有《みぞう》の困難に直面した時期であった。東西の冷戦が終結し、世界中で、従来の国家間戦争とは異なる、地域紛争・内戦が頻発した時代だった。

二十万人以上の犠牲者が出たと言われる旧ユーゴスラビア紛争、アフリカ・ルワンダで起きたフツ族とツチ族の部族同士の大虐殺——。民族や宗教の対立によって起きたこうした武力紛争が、現代史上例を見ない膨大な数の難民を生んだ。結果、一時期で二千万人にも上った難民たちの運命が、第八代国連難民高等弁務官・緒方貞子さんの決断に委ねられることになった。

六十三歳という年齢での就任にもかかわらず、緒方さんは精力的に現地に足を運び、難民たちの声に耳を傾けた。その思いやりの深さと勇敢さは、紛争地の空港に防弾チョッキを着用して降り立った映像などを通じ、世界の注目を集めた。そして強いリーダーシップで、前例のない決断を次々と下し、難民支援の歴史を革命的に変えていった。また、難民高等弁務官として、国連史上初めて安全保障理事会に出席、紛争の根本的な解決をたびたび求めた姿も、人びとの記憶に深く刻まれている。ある外国の新聞は、緒方さんを「小さな巨人」と形容した。

その緒方さんの人生を辿《たど》ってみると、要所要所で戦争との深い関わりがあった。

小学生の時は中国で暮らし、日中戦争の緊迫感をじかに感じていた。日本に戻って十四歳で太平洋戦争の開戦を知り、東京大空襲も体験している。そして、三十代では、学者として、満州事変を徹底的に研究した。

戦争と、まさに〝線〟で関わってきた緒方さんなら、現代を生きる日本人に、戦争についての深い示唆を与えてくれるのではないか、と私は考えた。

また、緒方さんが二〇一二（平成二十四）年三月に国際協力機構（ＪＩＣＡ）の理事長を退任されたことも、一つのタイミングであった。ひたむきに前を向いて走り続けてきた緒方さんに、区切りとして過去を振り返っていただくというコンセプトに可能性を感じ、企画の打診に至ったのである。

「〝戦争〟というキーワードで、緒方さんのライフヒストリーを番組化させていただきたい」――。私の依頼に、緒方さんは快く同意をしてくださった。そして、二〇一三（平成二十五）年八月十七日に、ＮＨＫスペシャル「緒方貞子～戦争が終わらない この世界で～」と題して放送する番組の取材が始まった。

「内向きというのは、かなり無知というものにつながっているのではないでしょうか」

「多様性にどう対応するか――。やっぱり尊敬しなくてはいけないのでしょうね。尊敬というのはオーバーかな？　尊重でしょうか。隣の人は自分と同じとは思わないほうがいいですよ。あなたと私は違うのです。違った部分については、より理解しようとするとか、より尊敬するとかしなくてはいけないのではないでしょうか」

「私が決めなくてはならないのです。だから、それはしようがない。そのためにいるのですもの、私。トップというのはそのためにいるのです」

「現場を見るということは、人間と知り合うということでしょう。木や森を見て、これで現場を見たというのではなくて、そこで生きている人たちに会うのは、とても大事なことだと思います。その場まで行って、きちんと犠牲者と会い、そして状況を判断できないとね」

「大事なのは……、〝人びと〟です。〝人間〟です。人びとというものを中心に据えて、安全においても繁栄についても、考えていかなきゃならないということは痛感しましたね」

「〝共存〟ということを、もっときちんと考えなければいけないだろうと思うのです。平和というものを考える時には、〝人びとの間の共存〟というものを、その価値を、きちんと把握しておく必要があるのではないですか」

緒方さんへのインタビューは、十時間を超えた。そこには、戦争への真摯な眼差《まなざ》しにとどまらず、私たちがグローバル化の進む現代を生きていく上で大切にすべき指針となる言葉があふれていた。

そして、こうした言葉の数々を緒方さんの歩んできた人生とともに番組で紹介すると、視聴者の皆さんから、たいへん多くの反響をいただいた。それらの中には、緒方さんの人生をさらに詳しく知りたい、もっと緒方さんの話を聞きたいという要望が数多くあった。

じつは、今回の取材では、緒方さんという人物を理解するために、緒方さんの人生の各ステージで関わりを持った五十人以上の方々に話を聞いた。

「子どもの頃は、おてんばだった」

「テニスがうまい。今でもテニスをしている」

「絶対に勉強を止《や》めない。読書量が、ものすごい」

「英語の能力が、非常に高い。ただ〝話せる〟というレベルではない」

「英語の新聞をよく読んで情報収集している」

「体も胃も丈夫。お酒も好き」

「上品だが、おしとやかではない」

「ライフサイクルの常識にとらわれない。自分のやりたいことは、迷わずにやる」

「スタイルがある。外見も中身もぶれない」

「〝女性〟を武器にしない」

「思いやりのある人」

「常に穏やかな口調で話し、興奮すること、声高になることがない」

「説明能力がピカイチ。短く的確に、ポイントを押さえて話していた」

「日本を世界の中で見る感覚を備えている」

「帰納式の思考ができる」

「既存の概念にとらわれない」

「組織において保身をしようとしない」

「曖昧さがなく、自分の知識に裏打ちされた判断を求める」

「独断で物事を決めず、人の意見をよく聞く」

「現場主義。ひたすら現場に足を運んだ。難民に会うための時間をしっかり作った」

「事実を徹底的に見る。現実を知ろうとする」

「難民相手でも、その国の首長相手でも、態度が変わらなかった」

「人種偏見がない」

「優しくて、強い」

「プラグマティストである。『現実をどう改善するか』という思考に常に立っていた」

「ヒューマニズムを貫いた」


以上は、「緒方さんとは、どんな人ですか」という私の質問に対する答えの一部である。彼女を知る人の多くが、リーダーとしての優れた資質に言及した。さらに、日々の行動、話し方、所作、性格……、つまりは緒方貞子という人間そのものが周囲の人びとを惹《ひ》きつけていたことも、取材を通して理解した。

本書では、緒方さんについてもっと詳しく知りたいという多くの視聴者の要望に応えるべく、本人へのインタビューと、関係者へのインタビューを中心に、緒方さんと戦争との関わりにとどまらず、緒方さんのライフヒストリーを、年代ごとに改めて整理していきたいと思う。また取材を通じて発見しながらも、番組では紹介しきれなかったさまざまな写真や資料を提示する。

緒方さんに関心を抱いた人たちに最初に手に取っていただく「評伝」としての役割を担えれば、筆者としてこれ以上の喜びはない。

【凡例】

(1) 文献・文書からの引用および転載にあたっては、読みやすさを考慮して、適宜現代風に改め、修正をほどこした箇所がある。漢字は原則として旧字体は新字体に、歴史的仮名遣いは現代仮名遣いに改めた。また、句読点・読み仮名を適宜補った。

(2) 本文中の筆者(もしくは編集部)による注は( )で示し、引用および転載箇所の注は[ ]で示した。

(3) 年代表記は西暦を主とし、適宜元号表記を併記した。

(4) 引用した文献・文書の中で用いられた「支那」、「満州」は当時の時代背景を考慮し、原文表記のままとした。

(5) 掲載した写真・画像は、必要に応じて、( )に提供元・所蔵元を記した。表記のない写真・画像は、緒方貞子氏本人もしくはNHKが権利を有するものである。

第一章　政治家・外交官の家に生まれて

―誕生―▼―アメリカと中国での生活―

緒方貞子、誕生

「曾祖父《そうそふ》がつけてくれたのです」

――貞子さんという名前ですか

「そう。曾祖父です。ちゃんと記されていますよ。『名記』と書いてあって、そこに『貞子とする』と」

緒方貞子さん、旧姓・中村貞子さんは、一九二七（昭和二）年九月十六日、当時の東京府東京市麻布区、現在の東京都港区で、外交官の中村豊一《とよいち》・恒子《つねこ》夫妻の長女として生まれた。「貞子」と命名した「曾祖父」とは母方の曾祖父で、第二十九代内閣総理大臣を務めた犬養毅《いぬかいつよし》である。

緒方さんの祖父で犬養にとって娘婿に当たるのが、芳澤謙吉《よしざわけんきち》である。長年外交官を務め、犬養内閣（一九三一年十二月～三二年五月）では外務大臣も務めた人物だ。つまり緒方さんは、政治と外交に極めて関わりが深い家系に生まれたのである。後の記憶でも、祖父母の家などに遊びに行った時に、団らんの場に政治の話題が頻繁に出ていたという。

幼少の頃の緒方さん

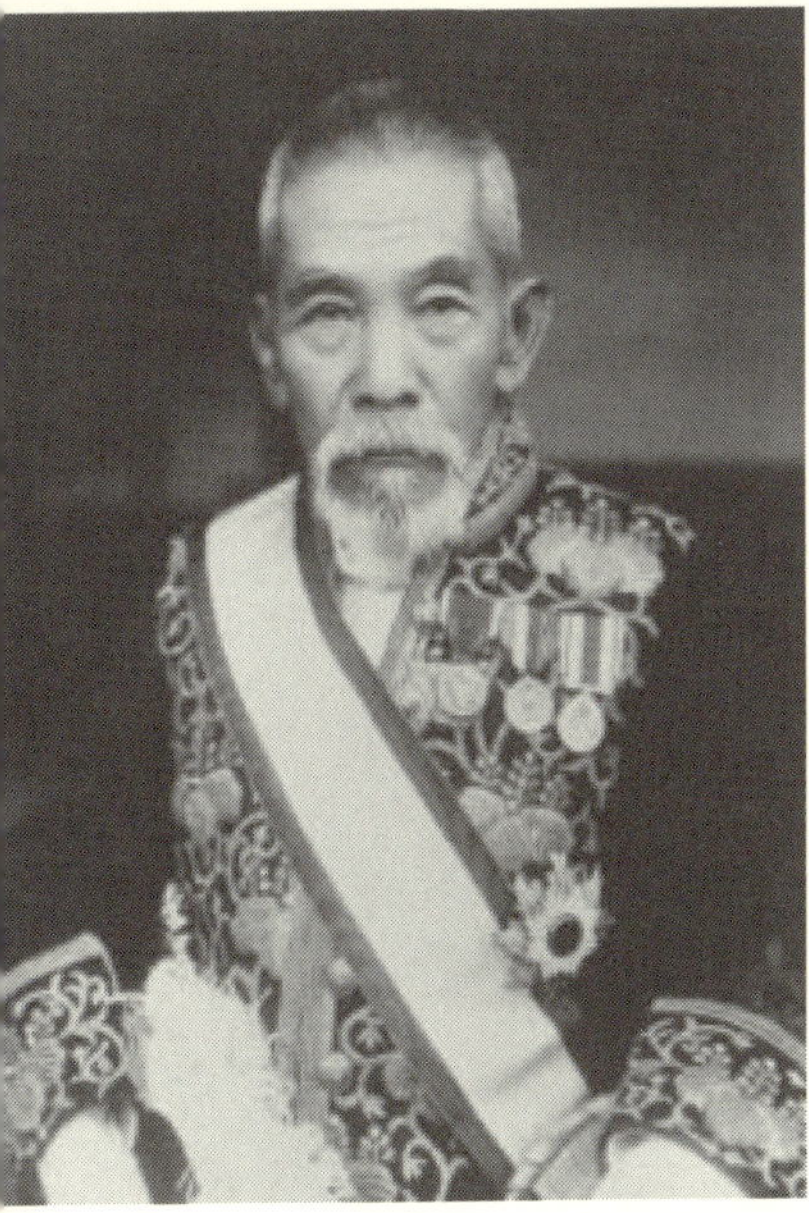

曾祖父・犬養毅
（写真提供：国立国会図書館）

緒方さんと犬養毅

アメリカ・サンフランシスコへ

アメリカに残されている貴重な資料を見つけた。緒方さんが、一九三〇（昭和五）年八月二十一日に、秩父丸《ちちぶまる》という船に乗って、アメリカ西海岸に位置するサンフランシスコに到着した時の、入国記録である。

この時、緒方さんは、父・豊一がサンフランシスコの日本国総領事館に赴任するため、母・恒子、弟・豊二《とよじ》とともに家族そろって、アメリカに引っ越したのだ。

当時の緒方さんは、三歳目前。記録には、身長は二フィート八インチと書かれている。約八十一センチである。その後、この小さな体に国際感覚が刻み込まれていくことになる。「インターナショナリスト」と、ある関係者が表現した、緒方さんの出発点であった。

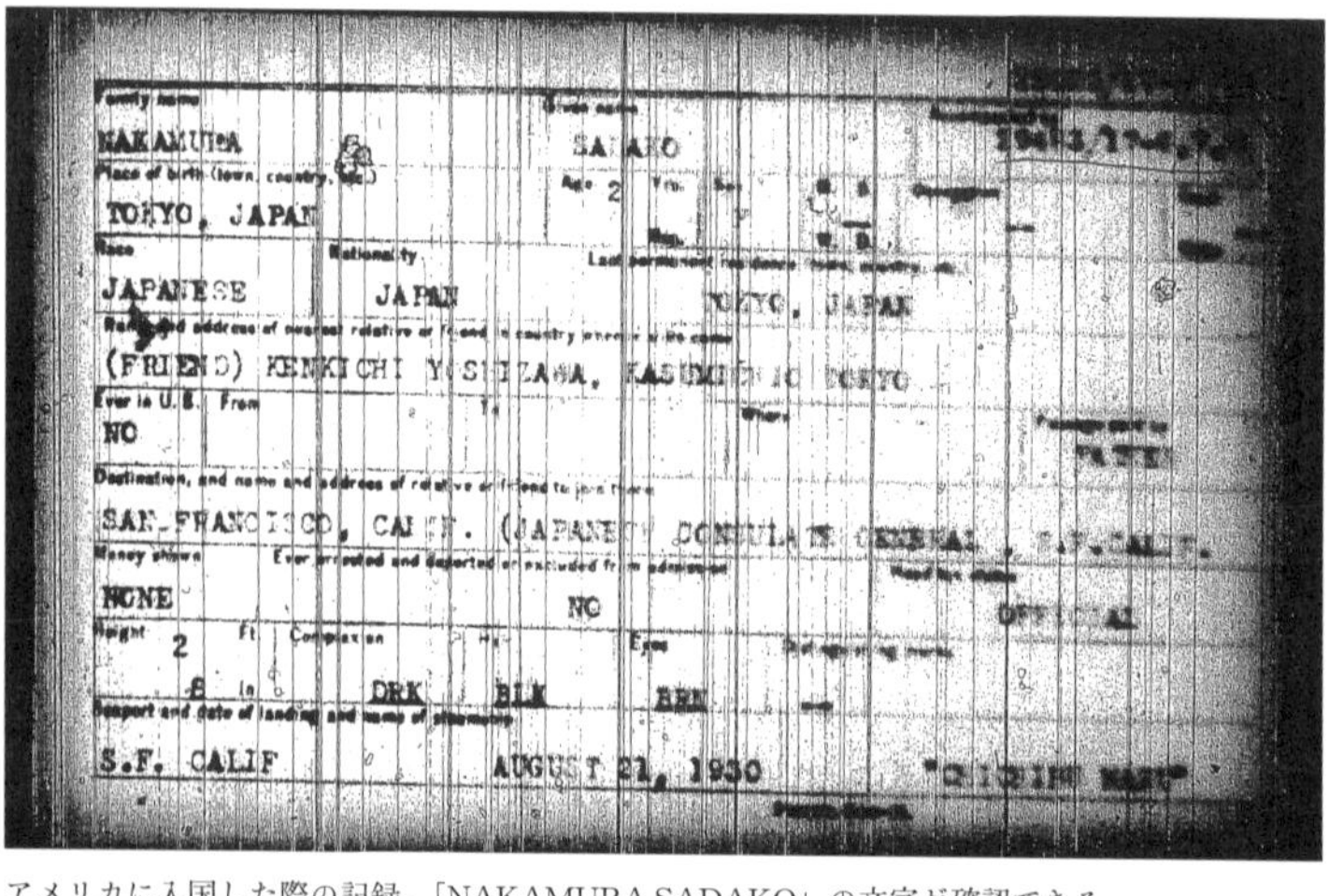
Family name: NAKAMURA
Given name: SADAKO
Place of birth (town, country, etc.): TOKYO, JAPAN
Age: 2
Race: JAPANESE
Nationality: JAPAN
TOKYO, JAPAN
(FRIEND) KENKICHI YOSHIZAWA, KASUMI... TOKYO
Ever in U.S.: NO
Destination, and name and address of relative or friend to join there: SAN FRANCISCO, CALIF. (JAPANESE CONSULATE GENERAL, S.F. CALIF.
Money shown: NONE
Ever arrested and deported or excluded from admission: NO
OFFICIAL
Height: 2 Ft. 8 In.
Complexion: DRK
Hair: BLK
Eyes: BRN
Seaport and date of landing and name of steamship: S.F. CALIF AUGUST 21, 1930 "CHICHIBU MARU"

アメリカに入国した際の記録。「NAKAMURA SADAKO」の文字が確認できる
（提供：全米日系人博物館　所蔵：National Archives and Records Administration）

五・一五事件発生

それから約一年八か月が経過した一九三二（昭和七）年五月、中村家にとって大事件が起きる。五・一五事件で、曾祖父の犬養毅が殺されたのだ。

前年の一九三一年（昭和六）九月には、満州事変が起きていた。中国・奉天《ほうてん》（現在の瀋陽《しんよう》市）郊外の柳条湖《りゅうじょうこ》で、日本の関東軍が起こした軍事行動をきっかけとする、関東軍と中国軍との武力衝突であった。

その年の暮れ、暗雲漂う政情の中、犬養毅は総理大臣に就任し、満州事変以降の国内外での対応に追われていた。しかし、軍事政権の樹立を目指す青年将校たちによって、犬養は暗殺されてしまう。

この事件は、日本のみならず、「テロリスト東京を脅かす」などという見出しとともに、世界に報じられた。

四歳だった緒方さんも、幼心に、戦争へとひた走る日本の不穏な空気を感じざるを得なかったようだ。

アメリカ時代の家族写真。父・豊一、母・恒子、弟・豊二と。手前左が緒方さん

弟・豊二と

「五・一五事件ですか……。あの時、私たちは、サンフランシスコ郊外のバークレーに住んでいました。当時、父はサンフランシスコの総領事館の次席をしていたと思います。その時に、曾祖父が殺された話は聞きました」

――その時の家の様子はどうでしたか

「とても大変でしたよ。何となくみんな、ざわざわしていてね。日本から来たお手伝いさんなんか、ものすごくアップセット（動揺）していましたね」

ポートランドに転居

五・一五事件から五か月後の一九三二（昭和七）年十月、父・豊一がオレゴン州ポートランドにある日本国領事館に領事として赴任することになり、五歳になっていた緒方さんもポートランドに引っ越した。

「アメリカでできた友だちは日本人以外の人が多かったです。ポートランドには、ほとんど日本人はいなかったですからね、全部アメリカ人でした」

――ほとんどは白人ですか

「そうです。アフリカ系の人は、その頃はまだ、一緒に生活していませんでした」

——この頃から、グローバルな感覚が磨かれるようになったということでしょうか

「〝グローバル〟と言うと大げさかもしれませんが、いろいろな人が存在することは知っていたでしょうね」

ポートランドでは、どのように生活していたのだろうか。当時の暮らしぶりについて話してもらった。

「父親がとても教育熱心だったのです。ポートランドでは、非常にいい教育をしてくれるプライベートスクールに入れてもらいました。進歩的な先生がいて、詩をたくさん教えてくれました。詩というのは、ずいぶん憶《おぼ》えているものですね。それともう一つは、星の研究ということで、星空をいろいろ見ていたのです。夜、星を見上げながら、大きくなったら天文学者になりたいと、考えたりしました」

——どんな遊びをしていましたか

「庭が広かったから、走り回っていたのではないでしょうか。ポートランドでは、よく遊びましたよ。今でもポートランドの学校で一緒だった方からクリスマスカードが来ます」

緒方さんが入学したのは、現在はケイトリン・ゲーベル学校という名前で知られる、幼稚園から高校まで一貫教育を行う私立の学校だった。全米でも有名な先進的な学校で、ウェブサイトの学校紹介を見ると、「常に新たな知的かつ創造的なチャレンジを、学生たちの科学、芸術、そして運動能力発展のために提供する」と書かれている。

学校から紹介され、シス・ヘイズさんという、当時のクラスメートに話を聞くことができた。

「あの学校は、一クラス十〜十五人と小さく、男女は半々だったと思います。カリキュラムが決められていない自由な学校で、詩を読んだり、カントリーダンスなどを授業で教わったりしたのを憶えています。〝サダ〟は、とても明るくて活発。英語をうまく話し、みんなの人気者でした。休み時間にはテラスや庭で、かけっこなどをしていたのを憶えて

二列目、右から二番目が緒方さん（写真提供：Sis Hayse）

「〝サダ〟は、とても明るくて活発。
英語をうまく話し、
みんなの人気者でした」

います。遊びは、ほとんど外でした」

ヘイズさん六歳の時のホームパーティーに緒方さんが弟・豊二と参加している写真（30ページ）を見ると、確かに友だちは白人ばかりだったことが分かる。

八歳で中国へ

一九三五（昭和十）年、今度は、父の豊一が中国・福州《ふくしゅう》で総領事を務めることになり、八歳になろうとしていた緒方さんも、再び太平洋を渡った。

緒方さんはそこで、アメリカとは違う、異国の文化に触れることになる。

「中国へ行って、最初に福州でびっくりしたことがあったのです。総領事館の公邸の門から外を見ていたら、お葬式の列が通っていったのですね。そうしたら、泣いている人たちがいて……。『あれ何？』と聞いてみると、『あれは、〝泣き女〟というものだ』というので驚いたのです。泣き女なんて初めて見ましたから。中国の葬式では、今でもあるようです」

——さまざまな文化があるのだということを、知ることになったのですね

「そうなのでしょうね。やっぱりアメリカからいきなり中国の地方へ行くと、ずいぶん違っていましたからね。びっくりしました」

――中国では、どんな教育を受けたのですか

「ずっと日本人小学校に通ったのです。だから中国に行ってからは、日本人と付き合っていたわけです。当時、中国の人とはほとんど付き合ったことがありませんでした。教育熱心だった私の父は、子どもの世話をしてもらうために、アメリカから日系二世の女性を福州に連れてきていました。私たちが英語を忘れないように、それをきちっと保つようにと考えたのでしょう。夜寝る前には、母が英語の本を読んでくれたものです。でも、今の子どもに同じことをしようとしてもだめですね、テレビがあるから。それは、孫の面倒を見た時、つくづく思った。私は自分の子どもたちには夜寝る前に必ず本を読んでやりましたよ、かなり英語の本も読んであげていた。だけど今は、もうだめですね……。テレビが現れてから変わったのですよ、子どもの教育もね」

忍び寄る戦争の影

緒方さんは、福州を一年で離れ、一九三六（昭和十一）年には、父・豊一の広東《カントン》総領事就任に伴い、広州《こうしゅう》に引っ越す。中国の南部に位置する広州でも、次第に日中戦争の影が色濃

くなっていた。

当時の朝日新聞に、緒方さんの父・豊一に関する大きな記事が掲載されている。

＊　　＊

「さあ廣東へ行かう　〝パパの一大事だ〟抗日の真ッ只中に　この決意、中村総領事」

成都《せいと》事件から北海《ほっかい》事件へ――

恐《おそ》る可《べ》き悪疫《あくえき》の如《ごと》き排日《はいにち》猖獗《しょうけつ》の渦中を目指して、目下帰国中の新任廣東総領事中村豊一氏は、九日有田外相から重大訓令を受けると急遽《きゅうきょ》帰任する事になり、来る十二日東京駅発、十三日神戸出帆の秩父丸で上海へ直行の上、飛行機で廣東に赴任する事になった、同氏は元外相芳澤謙吉氏の女婿《じょせい》、六月の異動で福州総領事から廣東に栄転し、本月五日久し振り

東京朝日新聞

抗日の眞ッ只中に

さあ廣東へ行かう
〝パパの一大事だ〟
この決意、中村總領事

第二の犠牲者
〝成程これが日本人〟
中野君の横顔
快男兒偲ぶ安藤氏

市井の一畫人に
翠雲畫伯私塾を解散

大阪の慘劇

で賜暇《しか》帰国して旅装を解く間もなく北海事件の突発だ、滞京数日間でスピード逆戻りである。

気の毒なのは恒子夫人と長女定子さん［貞子の誤り］（九才）、長男豊二君（七才）の三人、楽しみにしていた母国の秋にもあわただしく別れて「パパの一大事」と一船遅れて廣東へ急行する、九日夜、麻布霞町の芳澤邸に中村総領事を訪ねると丁度、外務省の重要会議から帰ったばかり。『まだトランクの蓋を開けない中に持ち帰りですよ』と笑いながら険悪な任地を目指して赴任する覚悟と抱負を記者に語った。

（朝日新聞一九三六年九月十日付）

＊　＊　＊

その一年後の出来事を、緒方さんが記憶していた。

「一九三七年の夏休みに、母と弟と一緒に、広東から船で日本に向かっていたのです。途中、上海で寄港した時に、父の友人が会いに来てくださって、『北で大きい事件が起こりましたね』とおっしゃったのを憶えています。日中戦争というものが、最初に私の意識に入ったのはそれです」

「北で起きた大きな事件」とは、盧溝橋《ろこうきょう》事件だった。一九三七(昭和十二)年七月七日、中国・北京の南西約十五キロメートルにある盧溝橋で日本と中国の軍が衝突。これにより、中国東北部を中心に展開していた日中の戦火は、中部、南部へと拡大していった。

この盧溝橋事件の発生から五か月後の一九三七年十二月、父・豊一は香港総領事に就任、一家も香港で暮らすようになった。

――日中が全面戦争に向かうにつれ、不穏な空気というのは感じましたか

「中国の人たちが主に住んでいる町や、島の反対側にある海水浴場に行く場合は、非常に気をつけて行っていましたね。不穏な状況になっていました。みんな知っていましたよ。変なことをされたとか、そんなことはないけれども、やっぱりきちっと警戒はしていました。一人でふらふら町の中を歩いたことなんてありませんよ」

――怖いと感じたことはありましたか

「怖いと思ったことはないですけどね、私は。そう思わせないように、ちゃんと守ってくれていたのではないでしょうか」

第二章　信念の人——父・豊一

—日中戦争—▼—帰国—

ロジカルな思考

緒方さんの幼少期の取材を進めていくことは、奇《く》しくも緒方さんの父・中村豊一についても深く掘り下げていくことにつながっていった。

ある外務省ＯＢから「豊一さんは、〝信念の人〟と言われていたようです」と聞いた。その時、私の中で、父・豊一と緒方さんの姿が重なって見えたのだ。緒方さん本人と話す中でも、その人間形成において、父の影響を少なからず受けているのではないかと感じた。

ここで、中村豊一という人物について、触れておきたいと思う。

緒方さんの家族で言えば、曾祖父の犬養毅や祖父の芳澤謙吉については、すでにたくさんの研究が行われ、本も数多く出ている。しかし、父・豊一については、詳しい記録がほとんどない。そこで取材班は、外務省の外交史料館や国立国会図書館で、豊一に関係する資料を見つけ出し、その人物像を具体化させていった。

緒方さん自身の目には、父・豊一はどのように映っていたのか。

「娘から見たら、良いパパでしたね。たいへんな勉強家でした。私が子どもの時から、たくさん本があったもの。私たちにも、本があてがわれてきました。本は、ほとんど父親が買ってくれました。私の息子が小さい頃のことで、今でも憶えていることがあります。父がテレビで歌舞伎を見ていると、幼稚園児の息子がちょこりんと側《そば》に座っては、いろいろな質問をするのです。それで、あまりに多く質問されるために父が耐えられなくなってしまい、漫画で日本史を解説した本を買ってきて渡したのです。『読んでおきなさい』と。そういうところがある人でしたね」

──「勉強家」という言葉以外で、お父さまを表現するとどうなりますか

「説明が丁寧だったかもしれないですね。子どもに、何事もきちんと説明をしてくれる人でした」

父・豊一の人間性が緒方さんに色濃い影響を与えているのではないか。本人にそのことを尋ねてみると──。

「どうなのでしょうね（笑）。うちの父は非常に頑固で、うまく気に入られるような話し方をしてへつらうようなことは、全然しない人でしたね。割と理屈っぽい人ではありまし

中村豊一（写真提供：The Oregonian）

「物事をロジカルに
順序を非常に正しく考える人
だったと思います」

たね。物事をロジカル（論理的）に、順序を非常に正しく考える人だったと思います。ロジカルというのは順序の問題です。うちの父は、積み上げ的発想法だったなあ。ロジカルですね。私もそうだと思いますね。どちらかと言えば……」

──まさに、緒方さんはロジカルだと、私も感じますね

「ええ、ロジカルだと思います」

日中和平への思い

中村豊一は、一八九五（明治二十八）年、大阪生まれ。一九二一（大正十）年に、東京帝国大学（現在の東京大学）法学部を卒業して外務省に入り、外交官の道を歩み出した。中国の済南《さいなん》や奉天、そしてドイツに赴任。いったん日本の外務省本省に戻った後は、イタリア駐在などを経て、前述のように、アメリカ、さらに再び中国に赴任した。

「信念の人」と言われた中村豊一の人間性を垣間見せた場面の一つが、一九三八（昭和十三）年に、日中の全面戦争の水面下で密《ひそ》かに繰り広げられていた和平交渉だ。香港における日本政府の代表である総領事を務めていた豊一は、まさに、その和平交渉を行う当事者であった。

これについては、一九五六（昭和三十一）年十二月に発行された雑誌、『秘められた昭和史

『別冊 知性』（河出書房）に、豊一自身が寄稿している。ここからは、この手記を参照しながら、当時悪化の一途にあった日中関係において、中村豊一という人物が、いかなる考えのもとでどのような行動に出たのかを追っていこうと思う。

一九三七（昭和十二）年七月の盧溝橋事件以来、日本の在外機関の引き揚げが進んでいたが、豊一は駐在総領事として香港にとどまり、漢口《かんこう》（現在の武漢《ぶかん》市の一部）や重慶《じゅうけい》の政治状況を分析する命を受けていたという。

翌一九三八年一月、近衛文磨《このえふみまろ》内閣は日中の関係について、「国民政府を相手にせず」という主旨の声明を出すわけだが、豊一は手記の中で次のように語る。

「事変の処理のために一番交渉しなければならない相手である蒋介石を締出しているような状態であった。ところが裏面では、国民政府を相手にせずどころか、軍部方面では秘密に裏面工作が行われていたのである。しかし私は、日本の方から進んで支那側の要人と問題を討議するのは時機が早いと考えて、向う側の出方を待っていた」

同年五月、外務大臣が広田弘毅《ひろたこうき》から、宇垣一成《うがきかずしげ》に替わる。宇垣は、欧米や中国の事情にも詳しく、穏健派と目されていた。それからほどなく、豊一のもとに中国政府からの密使、喬輔三が会見を申し込んでくる。手記によると、このような形で中国側から接触を求めてくることは、それまで一切なかったという。

六月、時機が到来したと会見に応じた豊一に対し、喬輔三は以下のように話したという。

「私は孔祥熙〔当時の首相に相当する人物〕から命令を受けてきている。今度、宇垣さんが外務大臣を引受けられた事情については支那側では、元来宇垣さんは支那に対して公平な考えを持っている人であるから、その宇垣さんが今日の情勢の下で進んで外務大臣を引受けられたのは、日本の政府で何等か現在の方針の変更があったものと思って居《い》る。就ては和平の問題についてどういうお考えを持って居られるのか、責任ある地位の人から責任あるお話を伺いたい」

「支那側としても、早く和平の招来を希望するのであるが、その交渉の相手は宇垣さんを最適であると考えたのだ。が日本政府と接触する途は塞されて居るので極秘裡に貴官を通して、日本政府の意向を承りたい」

「日本政府は蒋介石を相手にせずと声明されて居るが、日華交渉の前提として、あくまでも蒋介石の下野を要求せられるものであるかどうか、この点をはっきりしてもらいたい」

この会見を、宇垣の外務大臣就任による影響と分析した豊一は、「孔祥熙氏の腹心である喬輔三氏のこの申し出は、和平交渉を始むべき得がたい糸口」とし、その旨を直ちに日本の外務省に電報で伝え、指示を仰いでいる。

外務大臣への苦言

しかし東京からの反応は、「国民政府を相手にせず」という方針は変えないというものだった。豊一は反論する。

「向うからせっかく話し合いたいと申し出ているのに、全然受付けず蒋介石とは交渉しない、話し合いをしない、ということでは、日華双方ともに和平を切望して居るのであるから策を得たものとは思われない。一応非公式に話をすすめてみたらどうだろう。そして呑《の》み得るような条件ならばそれでよし、そうでなければ、こんなことでは駄目だからと、その時はその時で御破算にしてしまえばよい」

しばらくして、帰国して詳細を報告せよという命を受けた豊一は、日本で宇垣と会うことになる。豊一によれば、彼の見解に対して宇垣は次のように答えたとされる。

「国民政府を相手にせず、という看板はだんだん降ろすつもりであるが、しかし、今すぐにというわけにはゆかない。その点を留保しながら話をすすめてみたらどうだろう」

当時の中国の最高指導者であった蒋介石への見方については、二人の間に相異があった。宇垣は、「いま一度押して反響をみてみるべし」とし、中国の人びとの苦しみの原因は、蒋介石の施政にあり、蒋介石は下野すべきだという。「いま下野するならば将来日本のほうから再出馬をお願いする時機も訪れるだろう、これが日本人の責任観であると先方に伝えろ」とつけ加えたとされる。

豊一はひるまず、宇垣に苦言を呈した。

「大臣の考えには承服することは出来ない。支那では、蒋介石なればこそこれだけ日本の攻撃に抵抗しているのである、他の者であったならひとたまりもなくやられていただろう、と考えている。だから蒋介石は国民的な英雄になっているのである。今日の敗戦の責任が蔣介石にあるなどと誰一人として考えていない。従って大臣のお話しでは到底支那を説得することはむつかしいですよ」

豊一はさらに、さまざまな角度から説明したが、宇垣が折れることはなかった。豊一はとにかく宇垣の指示どおりに話して、中国側の反応を待とうと香港へ帰ったようだ。いわく、「今これ以上頑張って大臣と議論しても、結局は私が香港総領事の地位から退くことになり、総領事の第一号が第二号に変るだけのことで、日華交渉の糸口は絶たれて両国の関係はかえって悪くなる計《ばか》り」。そのように日本政府とも話し合いを続け、方針の転換を待つというのが豊一の考えだった。

以上、本人の手記をもとに、中村豊一の当時の行動を説明してきた。彼の人物像がよく分かると思ったからである。当時の政府が日中和平交渉をいかに考えていたのか、また宇垣の真意についても、私はその是非を分析する立場にはなく、専門家の判断を仰ぎたいところだが、この手記の、特に、外務大臣に対しても臆せず物申すところに、豊一のぶれない姿勢や信念を見て取ることができる。

この後、日中戦争が泥沼化していく状況を見て、豊一は、戦争を止められなかった無力さや無念さも感じていたことだろう。しかし、豊一の和平を強く求める思いもまた、この手記から十分に伝わってきた。

冷静な分析力

今回の取材では、豊一が記した「時局解決ニ関スル一考察」という文書も見つけることができた。これは、中国政府の密使である喬輔三から和平交渉の申し出を受けた豊一が、宇垣外務大臣と会うため日本に戻る途中で書いた意見書である。私たちが入手したのは四十三ページに及ぶ活字の資料であったが、もともとは手書きであったと推測される。以下、読みやすく、カタカナをひらがなに変換したもので、特に、豊一の人間性を感じ取った記述を紹介する。

「戦線を漢口まで拡大し、又広東を攻略せざるべからざるか如き大舞台とならば、我国の経費は、益々多額を要すべきも、蒋政権が数か月にして崩壊すべしとの前提の下に居据《すわ》りを策すれば、大なる誤謬《ごびゅう》に陥入《おちい》るべし」

「然《しか》るに今次の日本軍隊の進出に当たりて、意外にも其《そ》の暴行振りは、支那民衆の憤激を買い、彼らの日本軍に対する信頼の大なりしだけに、其の失望も亦頗《またすこぶ》る大なるもの

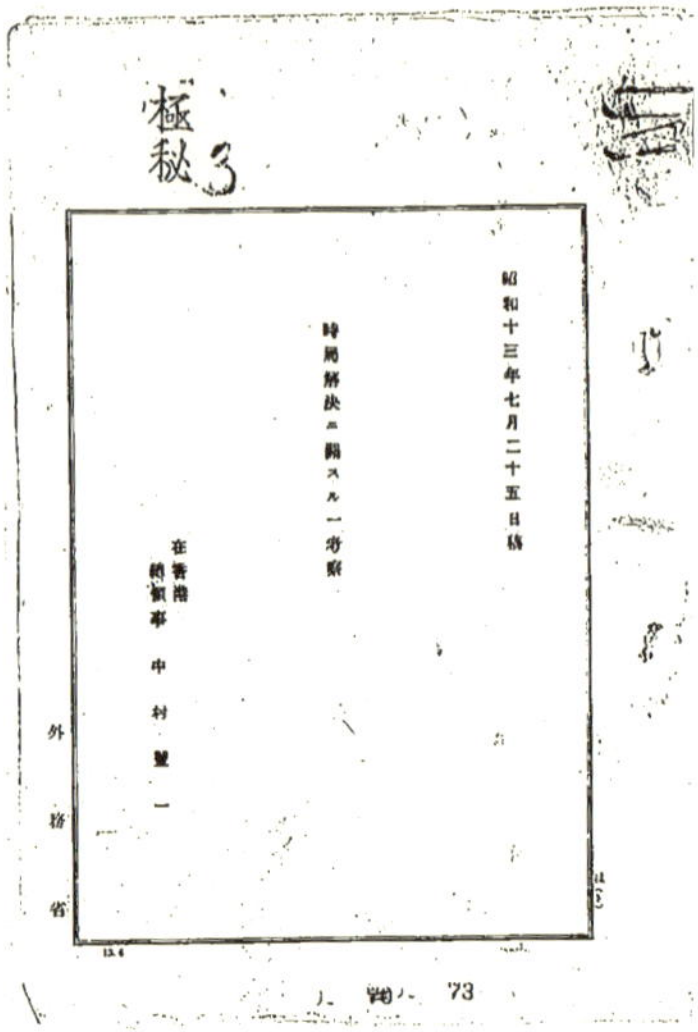

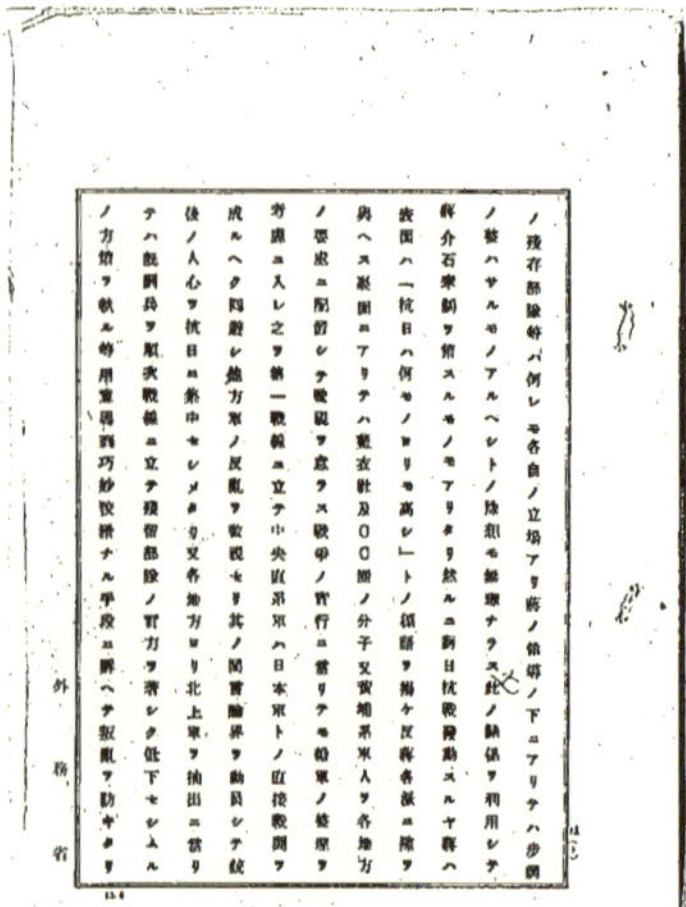

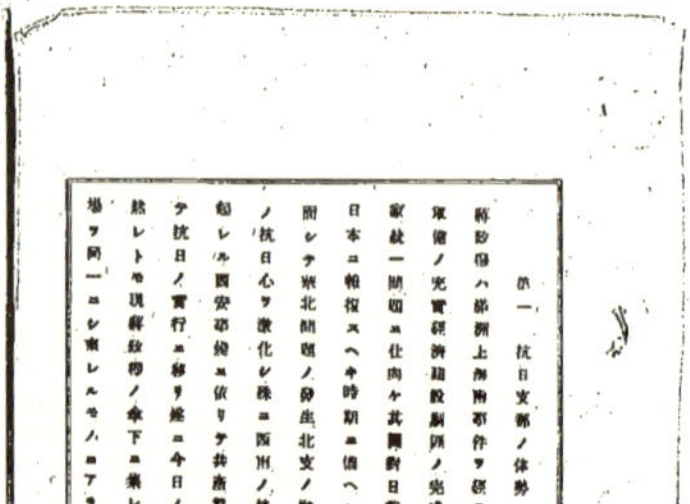

「時局解決ニ関スル一考察」（外務省外交史料館所蔵）

あり」

「要之〔要するに〕居据り政策は、中国を疲弊せしめ、日本を疲弊せしめ、英米ソ連仏の諸国は居ながらにして、相対的実力を増大し、帝国の国際的地位の低下を招致すべし。

本案は、全然支那民衆の人心を無視し、武力のみに依《よ》りて、外国人が支那を統治せんとするものにして、其の民衆との摩擦たるや極めて大にして、結果に於《お》いても実績を挙ぐるを得ざるべし」

これらは、日本軍が中国に実力行使で居すわり続けることの、日本にとっての利害を分析した部分である。ここにも、豊一の「強い意志」「現場主義に基づく冷静な分析力」が垣間見える。

日本への帰国

緒方さんは小学校四年生の時にいったん日本に帰国し、聖心女子学院に入学した。しかし、父の豊一が香港に赴任したことから、休学して再度日本を離れ、香港に向かった。戻ってきたのは、小学校五年生の時だった。

豊一は、緒方さんよりは遅れて香港から戻り、一九三九（昭和十四）年の一月から、外務省の電信課長を務めることになった。当時の新聞記事を調べると、九月の複数の記事で、豊一が戦争の矢面に立っている姿が描かれていた。

「第二次世界大戦の勃発で、その情報が刻々と外務省に入る。外務省には公電が殺到、電信課の中村課長采配の下に百数十名の課員が総動員で作業にあたった」（朝日新聞一九三九年九月三日付）

「英国ついに宣戦を布告、外務省電信課では、中村課長以下、全員が二日夜七時以来一歩も動かず、不眠の努力を続けている」（朝日新聞一九三九年九月四日付）

――当時のことを聞かせてください

「父が電信課長だった時は、私、外務省の中に住んでいたのですよ。電信課長と官房の課長が三人ぐらいいて、みんな、中に住んでいたのです」

――電信課長というのは、緊急を要する仕事になるからでしょうか

「そうですよ。それに加えて秘密保持という意味もあったのでしょう。二十四時間、情報が入ってくるのですもの。昔は電信しかなかったわけですからね。それで、ノモンハン

事件とか、そういう出来事があったことを覚えています。とても緊迫した電話のやりとりをしていました。普通の子どもなら聞かなかったようなことを、ちょこちょこと聞いていたのでしょうね」

第三章　少女時代に見た戦争

―真珠湾攻撃―▼―終戦―

太平洋戦争開戦

帰国して、聖心女子学院に入学した緒方さん。ミッションスクールである聖心女子学院で緒方さんを迎えた同級生によると、学校にはイギリスやオーストラリアなどから来たシスターも多かったので、帰国子女である緒方さんに対しても特別な違和感はなく、本人もすぐにクラスに馴染《なじ》んでいたという。

当時の聖心女子学院は、一学年一クラスで四十〜五十人。小学校から英語の授業があった。緒方さんの英語力は、クラスのみんなに頼られていた。例えば、イギリス人のシスターが話す時、細かいところがよく聞き取れないことがあると、同級生たちは、「サダに聞けば分かる」と緒方さんに確認した。「シスターが言った宿題の範囲はどこまで?」と尋ねると、緒方さんが「〇〇ページまで」と答えていたという。

この同級生によると、緒方さんは、運動、特にボール競技が得意で、ドッジボール、バレーボール、テニスなども上手であった。「勉強もできて、運動もできる」学生だったという。

日本での生活が始まってしばらくたった、一九四一(昭和十六)年十二月、真珠湾攻撃によって太平洋戦争の火蓋が切られる。

——このニュースは、どのようにして知りましたか

「聖心の体育館にいたのです。あの時、私は中学二年生でした」

——何をしていたのですか

「跳び箱を跳んでいたのだと思います。とても好きだったのです、跳び箱をポーンと跳ぶの。びっくりしましたね。『とうとうこうなったのか』という感じでした」

中学生の頃

戦時下のミッションスクール

一九一〇（明治四十三）年、日本におけるカトリック初の女子高等教育学校として開校した聖心女子学院は、帰国子女や外国人と交流する家庭の子どもが多かった。多くの外国人のシスターが指導にあたり、英語の授業は小学校一年生から毎日行われ、ほとんどが、日本語を交えずに教えられた。こうした国際色豊かな環境も、一九三一（昭和六）年の満州事変勃発以降、日本が戦時色を強めていく中、変化せざるを得なかった。

日中戦争の段階で、すでに軍人による講演会や、戦地の兵士に送る日用品などを詰めた慰問袋作りなどが行われ、校長も外国人から

慰問袋を戦地に送る聖心女子学院の学生たち（写真提供：聖心会）

日本人に変わった。外国人シスターも教壇に立てなくなり、必修だった英語が、課外随意科目となった。高等女学校には、報国団ができた。

太平洋戦争が始まると、朝礼では、「一億一心」「ほしがりません、勝つまでは」と、先生が語る言葉を復唱した。毎月八日には、日米開戦を思い起こして「日の丸弁当」を食べた。軍事教練が実施され、キリスト教を学ぶ授業がなくなった。

さらに、連合国側の国籍を持つシスターは国外退去を命じられ、それに応じない者は全員収容所に入れると勧告を受けた。ミサの最中に突然警察官が現れ、〝敵性国籍〟のシスター二十五人が呼び出された。警察官は、シスターたちに寝具と身の回りのものを取りまとめるよう言い渡し、格子のついた軍用トラックで収容所に連行した。

勤労動員の経験

一九四四(昭和十九)年四月、聖心の高等女学校の学生たちは、都内にある明治ゴムや東京電機、東北電機無線などに動員された。

緒方さんは、大崎の明治ゴムの工場に通うことになる。明治ゴムは海軍の民間工場として、飛行機のタイヤなどの製造に当たっていた。聖心女子学院からは五十人ほどの学生が動員されていた。敷地内に三つの工場があり、それぞれの持ち場で、工員と同様に朝から夕方まで働いた。

「タイヤを作っていました。毎日一生懸命タイヤを作って……。輪があって、そこにタイヤをくっつける仕事でした。そんなたいしたことではないのです。でも、ともかく行かなくてはならなかった。聖心のシスターたちは、『こういうことばかりさせるから困る』とかおっしゃっていました。でも、やったことのない仕事でしょう。工場に行ったりするのは……。ですから、結構、私たちは面白いと思っていました」

──緒方さん自身は、どういう気持ちで働いていましたか

「お国のためと思って、やっていましたけどね。それは、戦争を良いものと考えていたとかね、軍を称賛していたとか、そんなこと

畑仕事をする聖心女子学院の学生たち（写真提供：聖心会）

ではないのですけれど」

緒方さんの家族は、勤労動員に批判的だった。

「親は、『つまらないことをさせているのではないか』とか『そんなことさせられて、ひどい』と、思ったわけです。そして、私にもそう言うので、『命を懸けて戦いに行っている特攻隊の人たちのことは、ちゃんと支援しなくては悪いのではないの?』と反論をした気がします。そうすると、親たちは『こういうふうに、おだてられて働かされているのだ』と考えたようです。若い子どもはみんな、そう思うのですよ。だけど、戦争の実情を分かっている大人からすれば、『若い人たちを、あんなに動員するのは良いことではない』と感じていたのだと思います」

——お父さまは、軍国主義に批判的だった、ということですか

「父は、反軍人、軍に反対していました。特に戦争を広げていく軍というものに非常に反対したわけです。祖父の芳澤はより強く、『軍部がひどい』と言っていました。『軍部はひどい』という話は、しょっちゅう聞きましたね。ですから、〝反軍部〟という意見の中で育ったということです」

——「軍が悪い」ということだけでなく、例えばですが、「戦争は良くない」とか、「アメ

リカに勝てるはずがない」という話も出ていましたか

「いや、非戦論者ではないのですよ、うちの父も祖父も。だって、お国に仕えてきた人たちですから。役人でね」

――なるほど……。「アメリカに勝てるはずがない」ということはおっしゃっていたのですか

「それは言ったでしょうね。力の違いは知っていましたし。『バカな戦争をしたものだ』ということはよく言っていました。祖父も言っていました。戦争中でも、内輪ではそういうことを言っていたと思います」

「友だちのいる国が、なんで？」～東京大空襲

一九四四（昭和十九）年になると、緒方さんの暮らす東京は、空襲に見舞われるようになった。

「東京の自宅の庭に、防空壕があったのです。よく空襲警報が鳴るたびに入りましてね」

――防空壕は、どれぐらいの大きさだったのですか

「小さなものですよ。自分のうちの庭に掘ってあるのですから」

空襲が激しくなる中、緒方さんはある時、幼少期をアメリカで暮らしたがゆえの思いを抱いた。

「友だちのいる国が、なんで?」——。

「それは、ふと思ったわけですよ。だって、私もアメリカには行ったことがあって、友だちがいたのですからね。『友だちのいる国がこんなことをしにくるのは、おかしいな』と、『どういうことなのだろう』というぐらいの疑問は持ちました。全く素直な子どもの疑問です」

そして、一九四五(昭和二十)年三月、東京大空襲を経験する。

「十日ですね。私は、田園調布に住んでいたのです」

——その時の状況を、詳しく教えていただけますか

「焼夷《しょうい》弾が田園調布に落ちて、私の家は焼けなかったのですが、隣まで七、八軒焼けたのです。本当にびっくりしました。隣の家も焼けて、お向かいも焼けて……。ぱらぱらっと落としていったのです、焼夷弾を。それで、あっという間に燃えてしまいました。うち

の母は幼い妹を背負って、多摩川の堤まで逃げましたよ、その時は」
――ご自身は？
「私は、うちの庭の防空壕にいて……。うちの周りで、焼夷弾によって直接殺された人はいなかったのですけれど、その辺に破片が落ちていたのを触ってね、近くの坊ちゃんが大やけどをしましたよ」
――それをご覧になったのですか
「やけどした坊ちゃんを、後で見まして……」
――そうした一つ一つが、緒方さんの戦争に対する認識のようなものを、作っていったのですね
「やっぱり、見ましたからね。それは……」
――学校はどうだったのでしょうか
「その時は、聖心女子学院が三光町（現在の港区白金にかつてあった町名）にあって、焼けたと聞いて自転車で見に行きました。自分の学校が焼かれるのは、とても嫌なことでしたよ」

軽井沢への疎開

東京大空襲の際、聖心女子学院では、専門学校校舎が焼夷弾の直撃でみるみる炎上、寄宿舎の学生やシスターたちが、手に手にバケツを持って消火に奮闘したが、焼け石に水だった。高等女学校と初等科の校舎は延焼を免れたが、翌日から、焼け跡の片付け、鉄拾いなどの作業が始まった。

そして、この戦災下、三月二十七日に、高等女学校第三十一回、三十二回の卒業式が同時に行われた。五年制だった高等女学校が四年制に切り替えられ、二クラス、百十一名が同時に卒業した。その一人が、緒方さんだった。その後、家族とともに軽井沢に疎開をする。

「疎開した軽井沢には、聖心の外国人のシスターたちがおられたのです。そこで、私は英語の勉強をやらされました。父親が『行け』と言うものですから。だから戦争中も、自転車で、そのシスターたちのいる山の上に通っていました」

緒方さんは、「軽井沢の鹿鳴館《ろくめいかん》」とも呼ばれた三笠ホテルに設けられていた外務省の分室で働いた。職場までは弁当を持って自転車で通い、電話番をしたり、お使いなどをしたりしていた。

終戦

一九四五（昭和二十）年八月十五日。当時の天気を調べてみると、軽井沢は、正午の段階で曇りだった。

「終戦の詔勅を天皇陛下が読まれた時は、家族はみんな、祖父の芳澤の家の大きい部屋で聞いていて、私も部屋の隅のほうに座っていました」

――その時に一緒にいたのは？

「祖父も祖母も父も母も私も弟もいたと思います。それだけではなくて、うちの母は九人もきょうだいがいましたから、一族がいっぱい集まっていました。それで詔勅を聞くと、祖母が『もったいない』と言って涙をはらはらと落としたのは憶えているのです」

――もったいない？

「『こういうことにしてしまったのは、もったいない』と思ったのでしょうね。『陛下にこんなことをさせてしまった』と考えたのだと思いますよ。『ああいう詔勅をお出しにならざるを得ないような状況に陛下を置いたのは、非常に申し訳ないことだ』と思ったのではないでしょうか。『悪いことをした』と。敗戦の詔勅ですからね」

──お父さまは、何をおっしゃっていましたか

「何を言ったか、そんなに憶えていません。ただ、そういうことになりそうだということは、事前に知っていたようです。祖父の家があった地区は、〝政友村〟と言いまして、軽井沢の中でも、当時の政友会の方たちがたくさんいたところなのです。ですから、お互い情報を交換していたのだと思います。私たち子どもは知りませんでしたけど。詔勅を聞くと、すぐ、みんな軽井沢から出ていってしまいました。祖父も父も、すぐ帰りましたね、東京に。私たちは残りました。母や女の子は当分帰さないほうがいいのではないかと思っていたようですね、その頃は。父は京都のアメリカ軍の受け入れに行きまして、慌ただしかったですよ」

緒方さん自身は、終戦と聞いて、どんなことを感じたのだろうか。敗戦を目の当たりにして、何を思ったのか。

「びっくりした……。終戦の話を聞いて、終戦の詔勅を聞いて……。自分の国が負けたということは、何となく足元にぽかっと穴が開いたような、そんな感じがしました。それまでは〝負ける〟ということがどういうことか、漠然としか知らなかったでしょう。戦地にいれば分かるかもしれませんけれどもね。『自分の国がもし全部負けたら……。負けた

国はどういうことになるのかな』とは思いましたよね。負けるということがなかったわけでしょう、日本は……。私たちが歴史を知っている限りではね」

――勝つと思っていて負けたから驚いたし戸惑った、ということですか

「勝つとは思っていなかったです、もうその頃には。大変な状況だということは、みんな知っていたと思いますよ。空襲とかがあったから軽井沢に行ったのですものね」

――ご家族やご親戚の中で命を落とされた方はいらっしゃったのですか

「うちの父のほうの親類で、大阪に住んでいた父の甥《おい》に当たる人が、フィリピンで死んでいます。やっぱり、そういう方はいますよ」

第四章　リーダーシップの原点

―聖心女子大学時代―

再び聖心女子学院へ

――戦争が終わってからは、どうなさっていたのですか

「聖心の専門学校に入りました、英文科のほうに。その後、専門学校の一部が大学になって、それで大学に入ったわけです」

緒方さんは、終戦の年の冬まで軽井沢で暮らし、東京に戻った。そして、裁縫などの稽古事をしていた。その後に、聖心女子学院の専門学校で学んだ。

一九四五（昭和二十）年九月十五日、文部大臣から「新日本建設ノ教育方針」が発表され、女子教育の水準を向上させる方針が示された。それまで、女子大学という名称はあっても専門学校に位置づけられ、女子には原則として大学の門戸が閉ざされてきた。

連合国軍最高司令官総司令部による占領政策では、婦人の政治的解放や、学校教育の民主化が求められていた。

一九四六（昭和二十一）年、各大学では女子の正規の入学が始まり、現存する女子専門学校から適当なところを女子大学とする方針が打ち出された。聖心女子学院もその一つだった。

一九四八（昭和二十三）年二月に新制大学の認可申請、三月に許可が下りた。この年開設された最初の新制大学十二校のうち、女子大は、聖心女子大学、津田塾大学、日本女子大学、東京女子大学、神戸女学院大学だった。聖心女子大学は、ほかの四女子大学と異なり、唯一、戦災で甚大な被害を受けていた。そのため、文字どおり、瓦礫《がれき》の中からの再建となった。

それを可能としたのが、内外関係者の尽力だった。一九四九（昭和二十四）年には、「聖心女子大学建築後援会」が結成され、名誉総裁はマッカーサー元帥、名誉会長は吉田茂《よしだしげる》総理大臣、会長に一万田尚登《いちまだひさと》日本銀行総裁、そのほか各界の有志が名を連ね、多くの期待が寄せられていた。

大学の校舎は、久邇宮《くにのみや》邸の日本家屋のほか、米軍払い下げのトタン丸屋根のかまぼこ型兵舎が数棟使われることになり、一九四八年四月二十九日、一期生六十二人に対する授業が始まった。

緒方さんも、一期生として聖心女子大学に入学、英文学を専攻した。当時はまだ、学問で身を立てる気はなかったが、父の豊一から「勉強をしたほうがいい」と勧められ、大学に進んだ。

大学時代の集合写真。前列左から二番目が緒方さん
(写真提供：澤田正子)

かまぼこ型教室での授業風景（写真提供：聖心女子大学）

マザー・ブリットとの出会い

――学校の雰囲気は、どうでしたか

「楽しかったですよ、大学ができたのですもの」

――やる気に満ちていたと?

「そうですよ。大学が初めてできて、非常に張り切ったシスターたちがいらしてね。たくさんの刺激を受けました。新しい女子の大学ができたのですから、張り切るのが当たり前ではないですか」

学生たちは、戦争中に失った貴重な勉強の時間を取り戻すため、そして自分自身をいっそう磨くため、貪るように勉強をした。

日常の学生生活には、厳しい規律が求められた。授業が始まる際は、教室の前に立つ当番がドアを開けると全員が直立不動で教師を迎え、深々と礼をした。ほかの大学から来ている非常勤の先生は、とても驚いたという。

何事にも時間厳守だったため、遅刻は原則として許されず、十分以内の遅れで学長か学《がっ》監《かん》のサインを得た時のみ入室できる決まりだった。一つの科目で四回欠席すると受講資格を失った。授業は、ほとんどが英語で行われていた。

ところで、当時の制服はオリーブグリーン色のスーツだった。りりしいスタイルのため、街で女性警察官に間違えられることもあったというが、じつは、ここにも戦後ならではのエピソードが隠されていた。

「その頃は大変でしたからね。制服を着ないと、『何の洋服を着ていこうか』と、みんなが苦労する。その時間がもったいないのと、『あの人はああだけれども、私は……』ということにならないように、学校が制服を支給してくれたのです。後になって、私がワシントンのスミソニアン博物館を訪ねた時、学校の制服が展示されていたのです、軍服として。私たちが着ていた制服は、じつはアメリカ軍の払い下げだったのです。そのようなことを考えるのが、マザー・ブリットでした」

緒方さんへのインタビューで、たびたび名前が出た人物、マザー・ブリット。聖心女子大学の初代学長だ。

緒方さんの人生において、その人間形成に大きな影響を与えたと思われる人物は何人も

マザー・ブリット（写真提供：聖心女子大学）

「自立しなさい！
知的でありなさい！
協力的でありなさい！」

いた。その中で今回の取材では、特にマザー・ブリットについて掘り下げることにした。なぜなら、緒方さんを語る上で欠かせないリーダーシップが、この聖心女子大学時代に、大いに磨かれたのではないかと取材の中で耳にしたからである。そして何より、マザー・ブリットについて語る時の、緒方さんの懐かしむような表情が印象的だったからだ。

「マザー・ブリットからの影響は大きいでしょうね。ほかのみんなにとっても、すごく大きかったはずです。四年制の女子大学になるのは日本で初めてですから、非常に張り切っておられました。新しい女子大学を作る意味を、一生懸命に私たちに励ましを含めて話してくれたのです。すごい愛情でしたよ。私たちは大きな影響を受けましたね、あの方から。素晴らしい人だったな、本当に。稀有《けう》な人、というのでしょうね」

学生たちから「マザー・ブリット」と呼ばれ慕われた、エリザベス・ブリットは、一八九七（明治三十）年、アメリカのニューヨーク州オールバニ生まれ。一九三七（昭和十二）年、日本に派遣され、聖心女学院語学学校校長に就任した。太平洋戦争の開戦によって強制送還され、帰国を余儀なくされる。

しかし一九四六（昭和二十一）年に、自らの強い希望で再来日。一九四八（昭和二十三）年、聖心女子大学の創立とともに初代学長に就任した。

敗戦後、日本はまだ復興途上にあり、物資も不足していた。マザー・ブリットは学長として奔走し広大な敷地を取得。新校舎、聖堂、修道院、インターナショナルスクールの建設、大学院や新しい学科の設置と、短い期間に聖心女子大学の基礎を確立した。

ある時には、資金を得るため、アメリカ車のシボレーを進駐軍から調達、シボレーが当たるくじを売ることを考えついた。マザー・ブリットは、試験の前日にもかかわらず、学生たちに、「チケットを銀座の和光の前で売りなさい、外務省で売ってきなさい」とせき立てたという。

そんなしたたかな大学運営をしながら、緒方さんたちの心に、女性の新しい生き方を刻みつけていったのだ。

「『いろいろな勉強をしなさい』と、ずいぶん言われました。それも社会科学ではなくて、哲学とかそういうものを学ぶべきだと……。それから、『結婚は、一度してしまえば一生していられるのだから、今はそんなことを考えないで、どんどん学問をしなさい』と言われましたね。『せっかく、女性が学問をするための四年制大学ができたのだから、それを十分に活《い》かしてほしい』ということを。今とおよそ違うのですよ。女子大学ができた時でしたからね、やっぱり」

――名言が数多くあったようですが、彼女の発言で、覚えている言葉はありますか

「ユーズ・ユア・ヘッド！（頭を使いなさい！）」

大学で学んだリーダーシップ

週一回の学長集会。マザー・ブリットが英語で、自身の信念や見解を全学生に語りかけた。学生としての自覚、規律、あるいは、しつけに関わる内容も多かった。


「皆さん、頭を使いなさい！　考えなさい！」

「聡明になりなさい！」

「あなた方の生涯は、決して、ほうきとはたきで終わってはなりません！」

「あなたたちは、鍋の底や皿を洗うだけの女性になってはいけません！」

「一度に一つのことしかできない女性になってはいけません！」

「二十八のことを、同時にできるようになりなさい！」

「自立しなさい！　知的でありなさい！　協力的でありなさい！」

「あなた方は、社会のどんな場所にあっても、その場に灯《ともしび》をかかげられる女性となりなさい！」

当時の日本人女性には進歩的に聞こえたであろうマザー・ブリットの言葉。緒方さん自身が学んだものとは何だったのだろうか。

「マザー・ブリットは、スチューデント・カウンシルみたいなものを作ったわけです。いわゆる自治会です。選挙で、私は自治会の会長になったのです。それを、マザー・ブリットは喜んでくださったと思うのですけれども。そこで、リーダーシップというものを習っていくことは期待されました」

学生自治会は、開学初年度から組織され、学年ごとに、会長、副会長、書記、会計などの役員を選任し、最高学年の会長が大学全体の自治会長となった。週一回、昼休みにミーティングが開かれ、議事が進められた。

――リーダーシップを学んだということですが、もう少し具体的に教えていただくと、どういうことでしょうか

「『自分たちでいろいろなアイデアを出して行動しなさい』『自分で考えて提案をしていきなさい』と……。『自治会の中でイニシアチブを取って、そして、それを自分たちでま

とめていきなさい』とも言われました。〝イニシアチブ〟という言葉がお好きでしたよ。それを強めていくために、学生の自治会というものを、彼女は強く奨励していました。『皆さんで相談しながらものを決めなさい。大学内のいろいろな催しや、勉強会、課外活動の内容など、皆さんのほうから考えて提案していきなさい』ということを強調されました。『学校生活を通していろいろな経験をしながら、もっと本質的なイニシアチブを取って社会活動をすることを考えなさい』というのが、彼女の非常に強い信念でしたね」

――学んだことは大きかったですか

「ものを決めていく、ということの訓練になりました。会合において、ものをどうやって決定していったらいいかとか……。提案が上がってくる。提案を上げる。それをみんなでディスカス（議論）する。その中で、物事をどうやって決めるか……。そういうプロセスは、マザー・ブリットの指導もあって自治会を通して覚えましたね。案外、役に立ったかもしれませんね」

マザー・ブリットから叱られたことも、記憶に残っているという。

「大学の外から非常に立派な神父さんに講演に来ていただいた時に、私たち、お手洗いの前で待っていたのですね。その時に怒られました。『お手洗いの前なんかで人を待つものではない!』と言われましたよ(笑)。女性の嗜《たしな》み的配慮ですよね。そういうことは割と厳しかったです」

――社会に出ていくリーダーとしての訓練も積みながら、しかし女性としても……

「『女性というものがリーダーになるには、そういう教養を持っていなければならない』と思っていらしたのではないでしょうか。日本語で言うと『嗜み』という言葉ですよね。女性としての嗜みを重視しておられて、ご自分も、きっとそういうふうにお育ちになったのではないかと思うのです」

――青春時代の緒方さんに、大きな影響を与えたお一人だったのですね

「もちろん、そうだったと思います。すごい方でした。みんな、いろいろな形で影響を受けました。マザー・ブリットのもとで、しょぼしょぼする人間には誰もならなかった、やっぱりね(笑)」

親友が語った大学時代の緒方貞子

大学時代の緒方さんは、どんな学生だったのだろうか。友人の澤田正子《さわだまさこ》さんに話を聞いた。

「サダは、頭が良くてね。何しろ、よくお勉強がおできになりました。スター・スチューデント。小さいけれども、光っていらっしゃいましたね」

――どんな自治会長でしたか

「たいへん実行力とリーダーシップがおありになるのね、あの方は。だから、みんなの意見をそれぞれお聞きになって、まとめ上げていました。それで、みんながより良い学生生活を送れるように、ということをなさいましたね」

――その当時からリーダーシップがありましたか

「もちろん。でも、あまり強い口調ではおっしゃらない。柔らかくおっしゃる。物事をはっきりおっしゃるのですが、かといって強く言わない。理想的な方でいらっしゃいますね」

――将来、国連難民高等弁務官の仕事をされる素地はあったのですね

「おありになったと思います。何しろ人の意見をよくお聞きになりますから。国連みたいなところで物事をおまとめになるのは、なかなか大変でございますよね。私なんてとてもできませんよ」

学生時代から、そのリーダーシップの片鱗《へんりん》を見せていた緒方さん。澤田さんから語られる当時の緒方さんのイメージは、現在の緒方さんとぴったりと重ね合わせることができる。

大学時代の緒方さん

英語演劇部時代の緒方さん（右から五番目）。演目は『ベニスの商人』（写真提供：澤田正子）

――クラブ活動などは、どうでしたか

「英語演劇部でも活躍なさっていました。大変でしたよ。全部、長いセリフを暗唱しなくてはなりませんしね。サダは、『若草物語』を初めて英語演劇部でいたしました時に、四人姉妹のいちばん下のエイミーの役をなさいました。あとは、テニスね。テニスは、本当にお上手で……」

負けるのが好きな人なんていない

テニスについて、緒方さん自身に聞いてみた。

――かなりの腕前だったそうですね

「女子ダブルスは、全日本選手権で準決勝ぐらいまでは行ったのではないでしょうか。

ミックスダブルスは、ものすごく強い方がペアを組んでくださって、大学の終わり頃、決勝まで行きましたね。だいたいテニスをしていたのですよ。勉強は最小限でした（笑）。後で振り返ってみると、成績は春のほうがいいのです」

――どういうことですか

「秋は試験がありますから。勉強しながらトーナメントに出ていたのです。試合の順番を待ちながら勉強をしていましたから。やっぱり秋のほうが、春の時よりも悪かったですね」

国連難民高等弁務官としての活躍は、緒方さんの負けん気の強さも功を奏したのではないかという意見を、関係者から耳にしたことがあった。このテニスについてのインタビューの中でも、緒方さんの負けん気の強さを実感するユニークな答えを聞いた。全日本選手権シングルでベスト十六に入ったことがあるという話題の時だった。

「シングルのベスト十六はたいしたことないですよ」

――すごいじゃないですか

「いや、ベスト十六というのはたいしたことないでしょう。だって、決勝に二人でしょう。その前、準決勝だと四人になるわけでしょう。そういう中で、十六番目だから。つまり、

写真右が緒方さん（写真提供：澤田正子）

テニスの練習風景。手前左が緒方さん（写真提供：澤田正子）

十六と言ったら、たくさんということですよ。ベスト十六などというのは、ほとんど誰でも入っているようなものですよ（笑）」

――負けん気が強いんですね（笑）

「知りません、そんなことは（笑）。でもね、負けるのが好きな人なんていませんよ（笑）」

聖心女子大学では、一九五一（昭和二十六）年三月十五日に第一回の卒業式が行われ、緒方さんを含む三十五人を送り出した。第一回の卒業生の多くは、一九四八（昭和二十三）年に入学し、専門学校や専攻科での既修科目の一部が大学の単位として認定され、三年で卒業するケースだった。卒業式では吉田茂総理らの祝辞があり、緒方さんは卒業生を代表して謝辞を述べた。

ちなみに、この年、後に緒方さんがトップを務めることになる、ＵＮＨＣＲが国連総会によって創設され、スイス・ジュネーブを拠点に活動を開始した。当初は第二次世界大戦の後遺症がまだ残るヨーロッパにおいて、百万人以上の難民の援助を行っていた。

卒業写真。手前右から二番目が緒方さん
（写真提供：聖心女子大学）

第五章　戦争への疑問——満州事変研究

―アメリカ留学―▼―論文執筆―

アメリカに留学

聖心女子大学を卒業してから二か月後、緒方さんの姿は、晴天の横浜港にあった。マザー・ブリットや、外交官だった父・豊一に背中を押されて留学を決意、ロータリークラブの奨学金をもらうための試験に合格し、アメリカの大学院に行くことになったのだ。ロータリークラブの試験で、この年に合格したのは、緒方さん一人だった。家族や友人に見送られて、サンフランシスコへと旅立った。

「試験といっても口頭試問みたいなものですから。ロータリーの奨学金で留学したのは私一人でしたが、次々と行ったのですよ、ほかの人たちも。私のクラスが三十五人ぐらいで、半分は留学しているのですよ」

――半分が留学? すごいですね。終戦後たった六年で、女子大学の卒業生の半分ですか

「勧めたのです、マザー・ブリットが……。『どうせ一生、家庭のことはしなければならないのだから、今は行ってきなさい』と」

――しかし、半分とは驚きました……

「戦後、日本が自由な社会になって、国際的な交流をするようになった頃でした。みんな、

そうした気運に乗ろうと思ったのでしょう。いろいろなことをしようという雰囲気はあったのです。楽じゃなかった分だけね。横浜港の見送りには、たくさん人が来てくれました。家族も友だちも。あの頃はまだ船が出る時に、テープなんて投げていたのですよね。貨客船というのです。荷物を載せる船に、お客さんも乗せてね。何人ぐらい乗っていたのかしら……。三十人ぐらいじゃないですか。そういう時代ですものね」

――どんなお気持ちでしたか

「とても張り切って行きましたよ。あの頃、向こうに行くにあたっては、『皆さんは日本の大使となるのだから、日本のことをよく話せるようにして行きなさい』と言われて、そういう準備をさせられた記憶があります」

――なぜ、敵国だったアメリカを留学先に選んだのでしょうか。戦争が終わってまだ六年ですよね

「私の家では、弟が先に留学していました。それで、やっぱりアメリカへ。小さい頃、住んでいましたし。留学に積極的だった父も、『戦争が終わってアメリカとの関係も大事になる。そういうことを勉強してくるほうがいい』と思ったのではないでしょうか」

貨客船に乗って、サンフランシスコ港まで約二週間。さらにシアトルまで北上し、そこから三日をかけて鉄道で大陸を横断、首都ワシントンに到着した。ここに、緒方さんの留

学先である、名門・ジョージタウン大学がある。大学院の修士課程で国際関係論を学ぶことになっていた。

「サンフランシスコに着いた時は、ロータリークラブの方が迎えてくださいました。私たちが子どもの頃にかかっていたお医者さんの家族も来てくださって……。それから汽車でアメリカを横断しました。ワシントンの駅に着いて、私、その時にラケットを二つ持って歩いていたのです。そうしたら知り合いの神父様にばったり会って、『ラケットなんか持って留学に来たの?』と言われたことを憶えています（笑）。あの時は、テニスを一生懸命やっていましたから。でも学校が始まっても、なかなかテニスは始められませんでした。それで、誰かとテニスをやりたいと思って、大学のキャンパスの中にショーツで入っていったら、守衛さんに怒られましてね（笑）。そのうち、相手を見つけてテニスをするようになりましたが、初めはなかなか勝手が分からなくて」

——勉強のほうは、いかがでしたか

「外交史も勉強しましたし、国際関係も勉強しましたけど、とても大変でした。日本で英語ができるといっても、論文を書くのは大変なことでね。アメリカの大学院には論文を書きに行くと思わないといけないのですよ。それはそれは、たくさん書かされたから。書くには、ものを考えなければいけないから。あの訓練は、アメリカの大学院で、たくさん

ジョージタウンの街にて。2012年

揉《も》まれなければできなかったと思います」

――お住まいは？

「ジョージタウンの中で古い家を借りて、何人かの学生と一緒に住んでいました。シェアハウスみたいなものですね」

目の当たりにした豊かさ

――アメリカの印象はいかがでしたか。生活レベルの違いみたいなものは感じましたか

「それは違いますよ。広いですからね、アメリカというのは。家も広いし庭も広いし。車も誰でも持っているし。知り合いの家に泊まりに行ったら、アフリカ系の職人の方が立派な車を運転して、庭の芝刈りに来ていました。しっかりした洋服を着てい

ジョージタウン大学

ジョージタウン大学総長と緒方さん（写真提供：Georgetown University Archives)

て、それを脱いで作業服に着替えて庭仕事をして。豊かさはたいへんなものですよね。そういう風景はちょっと戦後の日本では見ることはできませんでしたから」

アメリカの豊かさについては、緒方さんの著書『国連からの視点─「国際社会と日本」を考える』（朝日イブニングニュース社、一九八〇年）では、こんな表現もしていた。

「当時のアメリカには、アメリカの力と繁栄を信じさせるものがあった。敗戦の記憶がまだ残っている私たち留学生は、コーヒーのがぶ飲みに、バケツ大の容器に入ったミルク・シェークに、ジャンボ・ハンバーガーに、とてつもない豊かさを感じた」

深まった戦争への疑問

そうしたアメリカの豊かさを目の当たりにして、緒方さんは戦争についても考えていくことになる。

「『どうして戦争をしたのか……』というのは思いますよね。物量的に言えば、『初めから分かっていたはずではなかろうか』と当然思うわけです。豊かさ、大きさの違い、広さの違い。それは非常に大きいですよね。疑問は浮かんできますよね……。『どうして日本は戦争をしたのだ?』という話は、アメリカの人たちも聞くし。疑問を、アメリカ留学を通して強く持ちましたね。なんといっても、私が船でサンフランシスコに着いた年が、サンフランシスコ講和条約の年ですから」

緒方さんがアメリカに留学した一九五一（昭和二十六）年、日本は、大きな転換期を迎えていた。第二次世界大戦以来のアメリカをはじめとする連合国諸国と日本との戦争状態を終結させる、いわゆるサンフランシスコ講和条約が締結されたのである。

当時の総理大臣・吉田茂がサンフランシスコで条約に調印、翌年に日本の独立が回復した。こうした動きを、緒方さんもアメリカでつぶさに見ていた。そして、考察を深めるべきテーマが定まっていく。

「『みんなでお互いに知り合おう』と。『仲良くなろう』という雰囲気は、アメリカにもありました。若い人たちの間では、『お互いにもっと知り合おうじゃないか』という雰囲気が、非常に強かったですよ。いろいろなお宅に招いていただいた時も、『アメリカはどうだ、良い国だろう?』『アメリカをよく見れば必ず良さが分かって、二度とアメリカ相手に戦争などしないだろう』ということを言われました。『お互いに知っていたら戦争なんてないのだろうね』というようなことは話しました」

――そういうコミュニケーションはとても大事なことですね

「大事なことです。だから、私だけでなく留学してきた若い人たちはみんな、『たくさん友だちを作りたい』と言っていましたよ」

――さらに、大学で国際関係の勉強をなさっていたわけですから、いっそう疑問は深まっていったということでしょうか

「当たり前だと思いますよ。日本はアメリカと戦争して負けたのです。それですごい犠牲がたくさん出ているわけです。そういう中で戦争について疑問を持つのは、とても自然なことだったと思う。アメリカ人と議論もしたし、勉強もしましたからね。そういう問題意識を持ちましたよ」

ちなみに、緒方さんはこの留学中に、国連との最初の接点があった。まだ日本が加盟していなかった一九五三（昭和二十八）年、たまたま知り合ったニュージーランド大使館の友人の紹介で、初めて国連を見学に行ったという。

二度目のアメリカ留学

ジョージタウン大学の大学院で修士論文を書き終えた緒方さんは、一九五三（昭和二十八）年、日本に帰国する。そして今度は、理論の裏付けとなる歴史の事実関係を深く学ぶため、東京大学の特別研究生として、岡義武《おかよしたけ》教授のゼミで、近代日本政治外交史を学んだ。岡義武は、日本における政治史研究の権威であり、のちの一九七七（昭和五十二）年に文化功労者として顕彰され、一九八六（昭和六十一）年には文化勲章を受章している。

一九五六（昭和三十一）年、緒方さんは、再びアメリカに向かう。カリフォルニア大学バークレー校の博士課程で、アジア研究の第一人者であるロバート・スカラピーノ教授のもと、政治学原論と国際関係論を学ぶためだった。

「ジョージタウンから帰ってきた時、日本の大学でも、太平洋戦争への道を研究しようという気運が高まっていて、自分も本格的に勉強しようと思ったのです。それで、特別研究生として東大に入れていただきました。日本の外交史の研究をずいぶんとやりました。岡義武先生のゼミに入りましてね。二年間、岡先生のところで演習に出て、いろいろと日本語で書かれた立派な論文を読んで、自分でも書いて……。岡先生は、全部、朱で直してくださるのです。そういう先生に出会ったのは、本当に幸せでした」

――その後もう一回、一九五六年に、カリフォルニア大に留学されて……

「というのも、岡先生が『歴史はいろいろ勉強できたけれども、今度はもうちょっと、政治学の理論を研究したほうがいいだろう。政治学の理論書は日本だと翻訳しかないから、本格的に勉強するなら留学したほうが良い』と言ってくださって……。そんなことで、もう一回アメリカに渡って、カリフォルニア大学に行ってから、非常にたくさんの理論の本

カリフォルニア大学バークレー校

を読みましたね」

この二度目のアメリカ留学を果たした一九五六年、ハンガリー動乱が起きた。ソビエト連邦の支配に反発し、ハンガリーの民衆が全国規模で蜂起したのだ。ソ連軍は強行に鎮圧、二十万人以上が国を去ることになった。

緒方さんが暮らしていたバークレーの町にもハンガリー人が移り住んできた。当時のアメリカは、亡命を希望する優秀な学者や志のある学生をどんどん受け入れていたからだ。緒方さんは、アメリカが、世界の政治変動を身近に感じられるエキサイティングな国だということを改めて認識したという。

そして、翌一九五七（昭和三十二）年、国連との二度目の接点があった。夏休みのアルバイトとして、日本の婦人議員の草分け的な存在である参議院議員・藤原道子《ふじわらみちこ》の通訳兼案内役としてアメリカ視察に同行、ニューヨークに行き、国連の代表団食堂で、アメリカの国連婦人代表と会食をした。食堂では、各国の代表がにぎやかに会食をしており、当時の事務総長であったダグ・ハマーショルドの姿を垣間見た時には、たいへん感激したという。

しかし、あるきっかけから緒方さんは、一九五八（昭和三十三）年に帰国することになる。

「その頃は、政治学の理論研究のほうに非常に惹かれていました。『助手にならないか』と、大学の方からも言ってもらっていたのですけれど……。父が狭心症になったという知らせが来たので、帰ることにしたのです。そうでなかったら、カリフォルニア大学に、もう少しいたと思いますけれども」

——お父さまがもしご病気になっていなければ、全く別の人生だったかもしれないということですか

「かもしれませんね……」

——それで、再び日本に帰国されてからは……

「看病というか、ともかく父の側にいました」

満州事変研究

日本はなぜ戦争に突き進んだのか——。

一九五八（昭和三十三）年、二度目のアメリカ留学を中断して帰国した緒方さんは、父の病状が安定すると、カリフォルニア大学に提出する博士論文を書くため、満州事変の研究に乗り出した。

この論文は、のちに日米両国（一九六四年アメリカ、六六年日本）で出版され、今でも満州事変に関するポピュラーなテキストとなっている。

満州事変とは、一九三一（昭和六）年九月に起きた日本と中国の軍事的な衝突である。現地に駐留する関東軍が、柳条湖での南満州鉄道爆破事件を機に中国東北部を占領し、満州国の建国を目論《もくろ》んだ。これに端を発し、日本は、一九三二（昭和七）年三月に満州国建国を宣言。一九三三（昭和八）年には国際連盟を脱退した。

その後、日本は、一九四五（昭和二十）年、太平洋戦争の終結に至るまで十五年にわたって戦争状態を続けていたわけだが、その起点となった出来事として、満州事変は極めて重要な意味を持つ。

論文のタイトルは、『満州事変と政策の形成過程』。本の序章には、研究の目的がこう記されている。

＊　＊　＊

「私は本書において、満州事変当時の政策決定過程を逐一検討することにより、事変中如何《いか》に政治権力構造が変化し、またその変化の結果が政策、特に外交政策に如何なる

日米両国で出版された緒方さんの論文

影響を及ぼしたかを究明することとしたい。このような変化は、対立する諸勢力間の争いの結果生じたものであるが、軍部対文官の対立ということで説明出来るような単純なものではなかった。むしろ、それは佐官級ならびに尉官級陸軍将校が対外発展と国内改革とを断行するため、既存の軍指導層および政党ならびに政府の指導者に対し挑戦したという、三つ巴の権力争いとして特色づけられるものである」

『満州事変――政策の形成過程』（岩波現代文庫、二〇一一年）より

＊　　＊　　＊

――満州事変が起きた一九三一年から二年間という短い期間を、非常に多角的に分析さ

れたのですね

「そういう手法があるのですよ。ディシジョン・メイキング（意思決定）の分析方法というのは、私が大学院にいた頃は非常に新鮮なものだったのです。いろいろなことを整理するのに役に立ちますよ、いまだに」

――UNHCR時代も含めて、それからの人生で役に立ったと言えますか

「どういう人が、どういうふうに考えたのか。そしてその考えは、こういう時には活きたけれども、こういう時には役に立たなかった、というようなことですね。役に立ちますよ。『これどうやって決めたの？』と、私はよく聞きます。ものを決めていくのには、必ず過程があるわけです。その時に役立つのは、アイデアの場合もあるし、人柄の場合もあるし、偶然もありますからね」

論文を書くにあたり、緒方さんは、当時陸軍大臣を務めていた荒木貞夫《あらきさだお》など何人もの関係者に聞き取り調査を行い、外務省や陸軍省などの膨大な資料を分析した。外務省に保管されていた、満州事変の時に外務省が国際連盟と交わした往復電報なども読み込んだ。

資料の中でも特に重要だったのは、関東軍参謀だった片倉衷《かたくらただし》から借り受けた『満州事変機密政略日誌』だった。当時未公開だったこの日誌の存在こそ、緒方さんが満州事変を博士論文の題材にする大きな理由であった。論文として認められるには、新しい資料の発掘、

あるいは新しい分析が必要だからだ。

この日誌は、緒方さんが師と仰ぐ岡義武教授から紹介された東京大学社会科学研究所の林《はやし》茂《しげる》教授の口利きで借りられたものであった。

片倉は、当時関東軍参謀として通信連絡の中心を担い、陸軍中央部と関東軍とで交わされた秘密電報を管轄した。以後、満州国の建国運営に深く関与した。その業務上の記録が、『満州事変機密政略日誌』であった。

片倉を訪ねた緒方さんは、和綴《わと》じになっている五冊の手書きの日誌を一冊ずつ借用し、家に持ち帰ると、夜遅くまで、重要な部分をカードに書き写しては疑問点を整理。一週間後、再び片倉を訪ねては熱心に質問を投げかけ、また新たに日誌一冊を借りていった。

「いろいろな資料を拝借してお話を聞くたびに、何てたくさんのお茶を飲んだかな、と感じたことは憶えているのです。日本茶、たくさん飲みましたね。片倉さんは、とてもしっかりした、しゃきっとした方でした。片倉さんから見れば小娘が訪ねてきて、いろいろなことを聞くわけですよ。よくあれほどきちんと対応してくださったと思います。あとで片倉さんのお嬢さんから聞いたのですが、『非常に熱心な、珍しい女の子がいる』と話しておられたらしいです」

芳澤謙吉

片倉衷（写真提供：共同通信社）

――どんなことを聞いたのですか

「日誌に書いてあることの意味であり解釈であり、書いていないこと……」

――片倉さんの日誌に書いてあったこととして、関東軍の面々は、満州国建国のためには国籍を離脱する覚悟もあったと……

「びっくりしました。国籍を離脱するなんて……。そうしなければ参謀本部から抑えられる可能性が非常に大きいと判断したということでしょう。現場にいる人はものすごく強い決心でやったということですよね。だけど大本営の人には、それが分からなかったのだろうと思います」

――論文を拝見すると、ほかにも、片倉さんの日誌に書かれた事実を徹底的に分析しておられますよね

「それでも、たくさん分からない部分があ

りました。ですから補充したのです。ほかの、同じ時代に何かの形で関わっていた方が書いたものを、ずいぶんたくさん見ましたよ。国際連盟と外務省との間の満州事変をめぐる往復電報も、初めて私が使ったのです。歴史家というのはそういうものです」

緒方さんが訪ね歩いた関係者の中には、母方の祖父である芳澤謙吉もいた。芳澤は、北京で特命全権公使を務めるなど駐在経験が計十年以上に及んだ中国通であった。一九三一年段階では、駐フランス日本大使として国際連盟の日本理事も兼ねており、満州事変が発生すると、国際連盟での対応に当たった。翌一九三二年には、総理大臣となった犬養毅に起用され外務大臣に就任。国際連盟が満州事変調査のために派遣したリットン調査団の受け入れも行った。

緒方さんが満州事変研究を志したのは、この祖父・芳澤謙吉をはじめとする家族の影響もあったのだ。緒方さんが『月刊資本市場』（二〇一〇年二月号。公益財団法人資本市場研究会）という雑誌に寄稿した文には、「幼少期を米国や中国で過ごし、曾祖父から祖父、そして父親まで、中国・日本・米国の外交問題に係わったことも踏まえて決めたテーマだった」と記されている。

「祖父には、晩酌の時に行って話を聞いてくるのです。毎晩、晩酌していましたから。新潟の朝日山というお酒が好きでね。本当においしそうに……」

——どんな話を聞きましたか

「軍に対しては非常に厳しかったですよ。しょっちゅう、『軍が悪い、軍が悪い』と言っていました。もともと祖父たちが、外交的に収めようとした線があったわけですよ、リットン調査団の時も。そこから外れていったわけです。外務省とか政府関係の人たちが抑えられなくなったのは、関東軍が現場にいて動いたからですよ。とにかく、いろいろ聞きましたよ。聞いたことは、祖父の自伝にもいっぱい書いてあります」

芳澤謙吉の自伝をひもとくと、当時のことが詳細に記されていた。例えば、こんな内容だ。

＊　＊　＊

「関東軍司令官とは三回会見したが、問題の中心は日本が特殊権益をもっている満洲を、独立国家として皇帝に溥儀《ふぎ》氏（元宣統帝《せんとうてい》）を迎えると云うことであった。私は何分パリーで聯盟《れんめい》関係の交渉に没頭していたため、関東軍のこれら計画の内容はすべて初耳であった」

「犬養総理は（中略）、古来支那民族を分割して見ても、何年かの後に再び統一することになっている。この故に支那民族を二分して一旦満洲国を創立して見ても、暫《しば》らく年月を経て、又々支那本土に統合される事に決まっているから、独立は無理であると云っていた。これには私も同意見であって、（中略）この考えで陸軍側と折衝していた」

「私は石原《いしわら》［莞爾《かんじ》］大佐に満洲問題は現在世界の耳目を聳動《しょうどう》しているので、只今独立を実行すると云うことになれば、日本の国際間に於ける立場が非常に不利になるから、独立を延期して貰《もら》いたいと述べた」

「私も犬養総理も満洲国の独立なり、またはこれを承認することには反対しておった。それにも拘《かか》わらず当時の陸軍の勢力に政府、政党、操觚《そうこ》界《かい》［文筆に従事する人々の社会］斉《ひと》しく圧倒せられ、犬養内閣も次々と引き摺《ず》らるるに至ったのである」

『外交六十年』芳澤謙吉著（中公文庫、一九九〇年）より

＊　＊　＊

当事者が親族の中にいた緒方さんにしかできない発見も、多々あったことだろう。

「無責任の体制」

こうして書かれた満州事変の論文。その全文は、ぜひ別途お読みいただきたいが、私が印象的だったのは、指導者の意思決定がはらむ問題に迫った緒方さんの筆致の鋭さだった。以下、『満州事変——政策の形成過程』より引用する。

「軍内部においては実際上の政策決定者と形式上の政策決定者との間が大きく分裂し、政策決定構造の完全な崩壊がもたらされた」

「軍の内部的結束は、軍が外部に向かって勢力を拡大するのと反比例して崩壊して行った」

「軍中央部が一貫した政策を指示することが出来なかった」

緒方さんの研究者としての厳しい目は、関東軍や陸軍中央部にとどまらず、犬養や芳澤が身を置いていた政府に対しても、公平に向けられた。

「合法的に政策決定の権限を与えられていた内閣総理大臣以下閣僚は、軍部大臣を含めて、満州における事態の進展を決定することも統制することも出来なかった」

「政府および軍中央部がなんら効果的な解決案を保有していなかった」

「首相をはじめとする政府責任者、後に連盟脱退の立役者となった松岡洋右《まつおかようすけ》をはじめ、連盟の日本代表部、西園寺《さいおんじ》を中心とする宮中関係者中、日本を連盟から脱退させようと望みかつ画策したものは一人もいなかった。それにもかかわらず日本が連盟を脱退するようになったのは、彼らの日和見主義あるいは不決断、あるいは消極性が強硬論者に道を譲る結果となったからである」

そして緒方さんは、結論の最後に、ずばり、こう結んだ。

「かくして、満州事変以後に残されたものは、合理的で、一貫した外交政策を決定、実施することの出来ない「無責任の体制」だけだったのである」

――結論の最後で、ものすごくはっきり書いておられますよね

「『無責任の体制だった』と」

――「無責任」というのは、政府指導者と陸軍中央部と関東軍の三者についておっしゃったのでしょうか

「そうです。責任のある政府というものは、政府の中の序列に従って、あるいは組織に従って物事を検討し、そしてその検討の結果というものを諮って進めていく。これが最も正当なやり方です。ところが満州事変はそういうものを壊した戦争と言えるでしょう。ある意味で、日本の陸軍の中堅による一種の謀反だったわけですよね。だから、最後に抑えられなくなる。そして太平洋戦争に突入するのです。結果的に言えば、陸軍を抑えられなくなっていたから。そういう形で軍が勝ってしまったから、第二次世界大戦、真珠湾攻撃につながっていくわけですよね」

――この「無責任の体制」という言葉は、研究していたら自然に浮かんできたのですか

「いやいや、そこまで言い切るまでには、相当に悩みました。たいへんな評価をしたわけですよね。今から見ると不思議ではないかもしれませんが、その当時に、そのような結論を書くのは、相当な努力と勇気が必要ですよ。でも、最後までうじうじしていたら、論

文にはならないでしょう？」

満州事変の研究から緒方さんが得た、現代の日本に生きる我々や世界にも通じる教訓とは、どのようなことだったのか。

「自分の国の将来にとってプラスがあると考えるのは、当然だったと言えるでしょう。けれども、そのプラスというものが、ほかの人びとの非常に甚だしいマイナスにならないようにしなくてはいけない。その時に、どこまで現地の人たちにマイナスになるものが許されるのか、それは考えなければいけませんよね。どこか違う土地へ行って、かなり勝手に『これが望まれている』と言って押しつけることは今でもやっていますよ、いろいろなところで。そうでしょう？」

――それは、無責任になってしまうということ

ですね

「やり方によっては無責任になってしまいます。例えば、アメリカがアフガニスタンにリーダーを送る場合も、アメリカにとって全部プラスになるような人を置いてもしようがない。あちら側にとってもプラスになることを理解して協力できる人を送るのが、今度はアメリカ側の責任になるわけです。全ての人間が同じような生活をしているわけではないですから……」

緒方さんはそう言った後、次のように続けた。

「内向きはだめですよ。内向きの上に妙な確信を持ってそれを実行しようとすると、押しつけになりますよね。理屈から言えば。そうではないですか。内向きというのは、かなり無知というものにつながっているのではないでしょうか。違います?」

第六章　突然の国連デビュー

―結婚―▼―出産―▼―大学での講義―▼―国連総会出席―

結婚、そして母になる

一九六〇（昭和三十五）年、三十三歳となった緒方さんは、日本銀行に勤務する同い年の緒方四十郎《しじゅうろう》さんと恋愛結婚した。四十郎さんも、緒方さんが在籍していた東京大学の岡義武ゼミで学んだ後にアメリカに留学し、日本に戻ってきていた。

ちなみに四十郎さんの父・緒方竹虎《たけとら》は、朝日新聞で主筆を務めた後に政界に入り、国務大臣や副総理を務めた人物である。

今回の取材で多くの関係者が、「緒方さんの活躍の陰には、四十郎さんの存在がある」と力説した。「四十郎さん自身、日銀の理事まで務めた方なのに、緒方さんの仕事に全面的に協力し、その活躍を決して妬んだりすることなく自らのことのように喜び、支えてきた」と言う人もいた。

「夫は、お湯一つ沸かしたことがないような人ですから、家事ができるとか、そういう意味でのサポートではありませんが……。でも割といろいろな話ができる相手ではあります。しょっちゅうおしゃべりしていますよ。夫のほうがおしゃべりです、私よりもね（笑）。

夫・四十郎さんと長男と

言葉がどんどん出てきますから」
――四十郎さんとの時間でリラックスできた、ということでしょうか
「さあ、半分は聞いていますけれどもね（笑）。（『四十郎さんあっての緒方さん』との発言については）そうかもしれませんね、うん。いつか同時代史を書こうよ、とは言っているのですけれども。同じ時代、同じことを互いがどういうふうに見てきたのか、話し合って本を書いたら面白いのではないかと話しています」
――同志的な意識もあったのですね
「そうね。アグリーする（意見が合う）ことはかなりあります。よく話は合うのです」
その四十郎さんに、緒方さんが出した結婚の条件は、「（緒方さんが）学問を続けること」だった。

休日の緒方さん一家

まもなく長男が生まれ、一九六二（昭和三十七）年、四十郎さんが日銀のイギリス・ロンドン事務所に転勤する。この時、緒方さんはアメリカ経由でロンドンに向かった。カリフォルニア大学に立ち寄り、満州事変を研究した博士論文の口頭試問を受けるためだった。それまで、博士論文を提出はしたものの、口頭試問を受けられずにいたからだ。これにより、緒方さんは政治学の博士号を取得。一九六四（昭和三十九）年にカリフォルニア大学から論文が出版された。

しかし、その後日本に戻り、一九六七（昭和四十二）年に長女が生まれると、学問最優先の生活は続かなくなる。緒方さんは、二人の子どもの子育てと家事に懸命に取り組んだ。

「最初の子どもというのは、大変でしたね。二番目の子になると、親のほうが要領が良くなりまして……。だからそれなりにやっていけるようになったのですけれども(笑)」

――子育ての中で大事にしていたのは、どんなことですか

「小さい頃から、夜寝る時は、必ず本を読んであげました。子どもの本が家にたくさんあったのです。私が子どもの頃に母が読んでくれた本もありました。ピーターラビットの本は、みんな読みました。やはり動物関係の物語が多いですね。それから、お姫様が出てくる話とか、いろいろです」

――子育てで大変だったのは、どんなことですか

「子どもが熱を出して、私は出かけなければならないのに行けなくなったりして。そこで母に電話をして誰か来てくれないかと調整したり……、そういう時は大変でした。働きながら勉強もしていましたから。非常勤の講師をしていたのですが、授業の準備も大変で……。それで、いつ、その準備をしたかというと、子どもを早く寝かせてからなんですね。早く寝かせるのが、いちばん大変でした(笑)」

教え子が語る緒方先生

当時、緒方さんは、国際基督教大学(ICU)と聖心女子大学で、非常勤講師として日本

外交史と国際関係論を教えていた。子どもを抱えながらも、細々と、しかし決して止めることなく続けていた学問と教育の仕事。その時の教え子たちに、当時の記憶を尋ねてみた。

一人目は、東洋学園大学教授であり、一橋大学の名誉教授である野林健《のばやしたけし》さん。国際政治学の専門家である野林さんは、緒方さんのことを「リアリスト」だと語る。

「緒方先生は話しぶりが非常にクールで、淡々と話をされる方でした。余計なことは言わない、しかし自分の考えはストレートに述べるという印象でした。〝冷めた目と熱い心を持ったリアリスト〟とも言えるでしょうか。決して空想家や理想家ではなく、もっと現実を自分の目で確認して捉えるタイプの方でした。服装などは地味で、物静かな雰囲気の先生でしたが、言葉遣いは至って上品な〝山の手言葉〟でしたので、皆、かっこいいなあと思っていました」

緒方さんが教壇に立っていた六〇年代後半は、折しも学生運動が最も盛んだった時代である。ＩＣＵでも大学紛争でキャンパスでの授業が中止になる事態が起きたという。

「ぜひともご指導を仰ぎたいという我々の希望を緒方先生にお伝えしたところ、『自宅でよかったら講義をしましょう』との返事をいただきました。大学封鎖のバリケードが解か

大学での講義風景（写真提供：国際基督教大学歴史資料室）

「〝冷めた目と熱い心を
持ったリアリスト〟とも言える
でしょうか。
決して空想家や理想家ではなく、
もっと現実を自分の目で確認して
捉えるタイプの方でした」

れるまでの半年弱、目黒駅近くにある先生のご自宅のマンションに伺いました。人数は四～六名程度と記憶しています。ご自宅の居間で、二～三時間勉強できたことは忘れがたい思い出です。お茶をいただいたり、時にはカレーライスなどをごちそうになったこともありました。大学と違い、ずいぶんアットホームな雰囲気でした」

野林さんは、そのエピソードをもって、「緒方先生は立派な研究者であるとともに、優れた教育者でもありました」と語ってくれた。

当時の緒方さんの薫陶を受けた教え子たちは、講義内容だけでなく、緒方さんの人となりにも魅せられていたようだ。北海学園大学教授で、異文化理解論を専門とする井上真蔵《いのうえしんぞう》さんは次のように話す。

「私にとって何よりも大きな影響は、先生の日常生活の中から学んだことだと思います。それは、一言で言えば、〝合理的〟ということです。例えば、先生は毎週、目黒からICUまで、青いブルーバードだったと思いますが、車で通われていました。当時は、一般の人がやっと車を買い始めた時代でしたので、マイカーをピカピカに磨いているのが当たり前だと思っていましたが、先生の車は、『何とか動けばいい』という感じだったのです。〟大学の先生が乗る車〟という日本的イメージからは、ずれていたのです。そのことが、何となく心に引っかかっていたのですが、私自身が後にカナダのトロントに住むようになって、『車は動けばいいのだ』という北米的価値観を知り、合点がいった次第です」

ジャーナリストの朽木《くちき》ゆり子さんは、当時緒方さんと間近で接した経験から、その人柄を次のように話している。

「非常に頭が良くて、率直で、優しい方です。優しいといっても、べたべたと優しいというわけではなく、相手の話を聞いて、それに自分がどういうふうに答えたらいちばんいいのかを、常に考えていらっしゃるという感じがしました。あるいは、上品だけれどもおしとやかではない、とも言えるでしょうか。上品というのは、先生が講義の時に話される言葉が、『戦前、山の手のお嬢さんは、こういう言葉を使っていたのかな?』と思わせるものだったからです。例えば、黒板に字を書いて間違ったりすると『ごめんください』とおっしゃって、黒板消しで消すような……。一方のおしとやかではないというのは、非常にはっきりものをおっしゃる点です。『あの人は自己中心的すぎます』などと、『先生、そんなにはっきりとおっしゃっていいのですか』というようなことを、ずばっとおっしゃられて、びっくりしたことが何回もありました」

優しいだけではなく、教育者として、ある意味で厳格とも言えるところがあった当時の緒方さん。

「学生はみんな緊張していたと思います。緒方先生の要求レベルに応えようとして必死で勉強しているところがありました。怒鳴るとか叱るとかいうことではなく、ご本人が凛《りん》としているから、そういう意味での怖さがありました。きちんとしている方でした。そのほかに記憶しているのは、『ともかく原資料をたくさん読みなさい』と言われたことです。『読んで読み過ぎることはないから。その中で、いちばん効果的なものを二割とか三割ぐらい使えばいいのです。ともかく読み惜しみをしてはいけません』というふうに教わりました。いまだに私は、それを自分の仕事をする上でも肝に銘じています」

女性が働くということ

女性として、緒方さんから受けた影響は、どんなところにあったのか。朽木さんは次のように話してくれた。

「一九七〇年代の初め頃でしたが、私の周りでは、大人の女性でキャリアとしての仕事を持っている人は、ほとんどいなかったのです。一生のキャリアとして仕事をしていて、結婚して子どもを育てているという女性を初めて見ました。子どもを育てながら大学に教えに来ていらっしゃいましたから。今の言葉で言う〝ロールモデル〟というものを見せていただいた気がします。バランスが取れた生活をしていらっしゃるな、と思いました」

女性としての生き方については、この頃からＵＮＨＣＲ時代まで、緒方さんがたびたび語っていたことがある。

「女性が子どもを産み、育てることは、キャリアを重ねていく上で、ハンディになることもあります。でも、女性には男性とは違うサイクルがあるのです。だから、焦って目標を決めるより、自分のサイクルに合わせてゆっくりと生きながら、長期戦で構えたほうが良いと思うのです」

改めて、この点について緒方さんに尋ねてみた。

「焦らないようにね。あまり細々としたことで焦らないほうがいいと。女の方たちは一生懸命になればなるほど焦ることがあったから、そう言ったのでしょう。あまり無理をしないほうがいいと思いますよ。要するに、タイミングの問題ね。特に女性には、『その時に働かないと、一生逃しちゃうのではないか』とか、そういう心配はたくさんあります。しかし今は、ずっと平等にもなってきていますから、上手にタイミングをつかむことです。また、仲間の人たちにとっても、女性が働くほうがずっとプラスが多いのですから、協力していただいて……。そういう形でゆっくりタイミングを一緒に考えたらいいと思いますよ。私も、好きなことをしていたのは間違いないのですよね。勉強して非常勤の講師になった。教えるのは嫌いではありませんでしたしね。ものを書いて、歴史の研究家ということになった。けれども、それは、やれる範囲でやっていたのです。国連に行くまでは非常にゆっくりだったわけですよ。できる範囲でやっていました。そうしたら、だんだん弾みがついいちゃったのです」

市川房枝先生、突然の訪問

一九六八（昭和四十三）年七月末。四十歳だった緒方さんに、その後の人生を左右する出来事が起きる。婦人運動家として知られ、当時参議院議員であった市川房枝《いちかわふさえ》が、突然、緒方さんを訪ねてきたのだ。その年の九月から三か月にわたってアメリカ・ニューヨークの国連本部で行われる国連総会に参加してほしい、という依頼をするためだった。

「一人で訪ねてこられたのですよ。あんなにびっくりしたことありません。私、知らなかったのですもの、市川先生を」

――どんなお話だったのですか

「日本は敗戦国だったから、国連に遅れて入ったわけですよ。その時に、総会に出る日本の代表団に女性を参加させたいということで、市川先生や、久米愛《くめあい》先生、藤田《ふじた》たき先生（ともに婦人運動家）たちが頑張られていたのです。ところが、せっかく続いてきたのに、その年は誰も行けない、と。それで、『どうしても』ということで……」

――何で緒方さんに白羽の矢が立ったのかについては、どう言っておられましたか

「ほかに人がいなかったのでしょう、たまたまね。だって戦後に勉強した人たちは、まだそんなにいろいろな経験を積んでいなくて、私はたまたま留学していて国際関係論などを勉強していましたから、できるだろうと思ったのでしょう。久保田《くぼた》きぬ子先生（憲法学者）が推薦してくださったらしいのです。久保田先生は、留学して帰ってきた人たちの面倒を見てくださっていましたからね。私も、政治史とか国際関係史をやっている先生方の研究会などに出席していましたから」

市川房枝

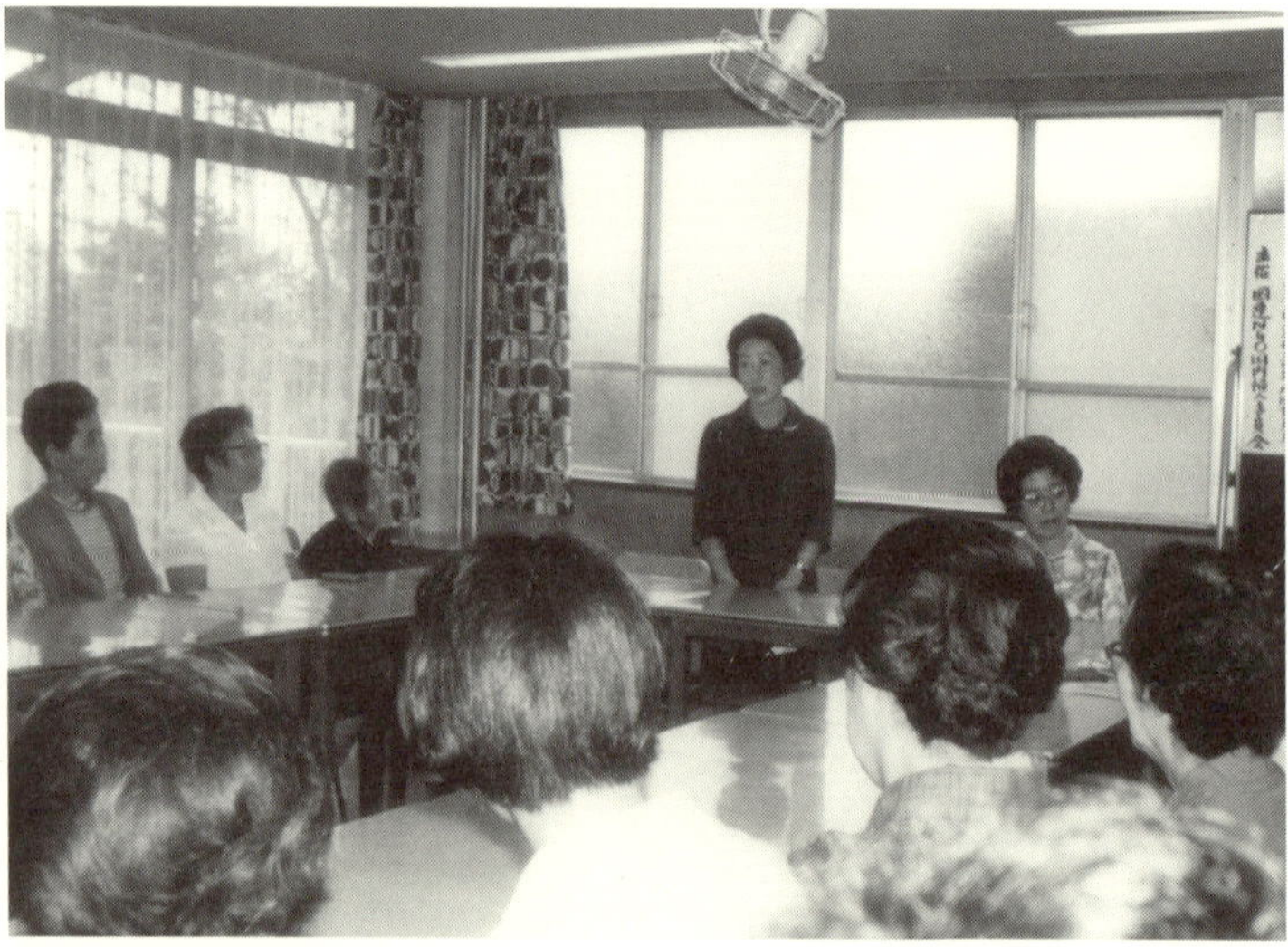

国連総会出席の際の壮行会。中央、立っているのが緒方さん（写真提供：市川房枝記念会女性と政治センター）

当時の事情を、市川房枝の秘書をしていた山口みつ子さんに聞いてみた。

「市川房枝という人はお忍びで動くことが多かったのです。緒方さんのところにも、大きな鞄《かばん》を持って電車に乗って一人で行きました。誰にも知らせずに。そういう癖があるのですよ（笑）。緒方さんにも、『あなたにこういうことで会いに行きます』ということを事前に言ってはいないのですよ」

――なぜ緒方さんだったのでしょうか

「ちょうど緒方さんにアタックする時は、いろいろな人に『どういう人がいいかしら』と聞いていました。市川という人は、そういうことを非常に詳細に調べるというか、聞き込みをするのですよ。結果、『この人！』ということになったのです。国際政治、国際関係論が専門で、当時は、ＩＣＵや出身校の聖心女子大で講師をなさっていた。あとは、やっぱり人柄ですね。それから抜群の語学力。すごい語学力だという推薦があった。単に語学といえば技術的なことのように思いますけれども、国際政治ですからね。英語はすごく大事です。それからもう一つは、実際に国連に行ってからのこと。代表団に入ったのだから何でも自分が自由に言えると思ったら大間違いなのです。『日本政府代表団である』こと、そこを市川は考えたのだと思います。だからご自分の意見があるかもしれないけれども、それはそれで政府の代表だということをちゃんと認識できる人じゃないと務まらない。緒方さんは、そういうことも十分にご承知であったと思いますね。本当に良い方を見つけました」

背中を押してくれた父・豊一の言葉

突然のオファーに、緒方さんは、どう対応したのだろうか。

「最初は、『無理でしょう』と思いましたよ。だって、二番目の子どもは前の年に生まれたばかりで……。離れられないでしょう？　それで、『どうしようか』と母に相談しましたら、『そんなに長く子どもを預かるのは大変だから、誰か、子どもの面倒を見る人でも来てくれないと無理でしょう』と言われました」

そんな時、緒方さんの父・豊一が発した言葉が、緒方さんの人生を変えることになる。

「父が、『ああでもない、こうでもないと可能性を論じているより、まず出席すると決めて、それから人を探しなさい、方法論を考えなさい』と言ってくれたのです。『みんなでやれば何とかなるから、行きなさい』と……。それで、子どもたちを預けていったわけです。やっぱり、お父さんですからね。あの言葉で、私も決心したのです」

国連総会デビュー

一九六八（昭和四十三）年九月、緒方さんはニューヨークへ旅立った。そして三か月にわたり、国連総会の第三委員会に参加、社会・人権・文化問題について各国の代表と議論を重ねた。女性が三分の一を占めている委員会だった。

「あらゆる問題について、どうなっているのかをまず認識して、役に立つように懸命にやろうとしたのです。大きい会議ですから、会議の中にどうやって参加していくのかを、全部、工夫したり教えてもらったりして……。友だちも、たくさん作りました。いろいろな討論を聞いて、学んだことも思ったことも数多くありました。知らない国も、たくさんありますから。あの年齢の時に行って良かったと思います。いろいろなことを学びましたから」

国連総会開催中には、川端康成《かわばたやすなり》のノーベル文学賞受賞のニュースが報じられ、数か国の代表から議場で祝意を述べられるという体験もした。

国連総会、第三委員会。手前左端が緒方さん（UN Photo/Yutaka Nagata）

今回の取材で、帰国後の一九六九（昭和四十四）年一月に開かれた報告会で緒方さんが発言している録音を入手した。この総会で討議された「社会開発宣言」に関する話題。淡々とした話しぶりの中で、極めて具体的に、何を見聞きし、何を感じ、何を得たのかを語っていた。以下に、その一部を紹介する。

* * *

（「社会開発宣言」の起草について）字句の修正討議の中に、いかに、いろいろな国がそれぞれの体制を持っていて、その体制の違いが字句の違いに反映されるかという点。あるいは百二十六の国の国家利益というものが、いろいろな字句の修正に反映されるかということが非常によく分かりました。その点では、この「社会開発宣言」の起草と修正のプロセスに、いろいろな国のあり方の問題を考えさせられたという意味で、たいへん興味深かったのでございます。（中略）

例えば「社会開発宣言」という題では、社会の「開発＝デベロップメント（development）」という言葉が使われていたのです。それに対して、「『デベロップメント』だけでは不足である。『社会の進歩および開発に関する宣言』と直してほしい」という修正案が出ました。で、この「進歩＝プログレス（progress）」という言葉に、社会主義国で新しい意義を持たせているということを、私、初めて知ったのでございますけど。この「デベロップメント」というのは、現状を次第次第に改善していくのであると。それにもう少し飛躍的な進歩を与えるのが「プログレス」という言葉なのだから、どうしても「プログレス」という言葉を入れてほしいと。「プログレス」という言葉の定義をめぐって延々丸二日にわたる討議が繰り返されたのでございます。そして投票の結果、この宣言は、「社会の進歩と開発に関する宣言」と、日本語にいたしますとほとんど口が回らないような長い題の宣言になってしまったのでございます。この二つの言葉の中に、どんなにたくさんの国のものの考え方が反映されるかということも、初めて痛感したのです。（中略）

「社会開発宣言」は、人権宣言と同じように、その将来に向かって、将来の基準になるような立派な開発宣言にしたいという意図をもって始められたらしいのでございますけれども、これは、おそらく不可能だろうということです。人権宣言が作られました時には、国連のメンバーというものは、せいぜい六十か国ぐらいだと。そして、その中から何人かの非常に優れた人間が一緒になって人権宣言というものを作っていったわけなのです。今日、国連のメンバーは百二十六か国です。そうすると、百二十六か国の人間は、みんな自分たちの主張を入れて何か宣言を作っていこうとする。この「社会開発宣言」を、宣言そのものを少し改善するために、何人かのエキスパートや小委員会に任せようという動きもあったのですけれども、そういうものを受け入れようとする人は、多くは見られなかった。つまり、われもわれも一言入れたいと。一言入れたものを絶対に引っ込めさせたくないというような動きが見えたのです。この動きが続きます限り、とても優れた宣言というものを作るのは難しいのではないかと思います。ただ逆に、その宣言を作っていくプロセスを見れば、どういう国がどういうことを欲しているか、どういう国がどういうものの見方をしているかということはよく分かりますから、そういう意味では、面白い研究対象になるのではないかと思っております。

＊　＊　＊

ところで、初の国連総会参加を終えて羽田空港に降り立った緒方さんについて、市川房枝の秘書だった山口みつ子さんが、心に残っているというエピソードを話してくれた。

「その時に、緒方さんのお母さまが赤ちゃんを抱っこして空港に迎えに来ていました。赤ちゃんというのは、もちろん緒方さんの娘さんです。緒方さんにとっては、自分の娘と三か月ぶりに会うわけですね。それで、赤ちゃんの頬に手を差し伸べたのだと思います。そうしたら、赤ちゃんがお母さんの顔を忘れていて……。それで緒方さんが、『忘れられた』

と言って涙をこぼしていたと。その話を聞いた時に、私たちも、ほろっとしましたよ。乳飲み子ですからね。やっぱり一人の母親ですよね」

再び国連総会へ

緒方さんは、さらに二年後の一九七〇（昭和四十五）年、自身二回目の国連総会（第二十五回総会）に参加した。

この総会では、「婦人の進歩のための国際行動計画に関する決議案」を審議していた時のことが印象的だったという。

問題となったのは、サウジアラビアから提出された修正案。「政策決定の各レベルに女性が参加すべきである」という趣旨の条項の後に、但《ただ》し書きで、「九歳までの子どもがいる女性は、母親としての義務が第一で、家庭や施設で十分な面倒を見られない限り、男性と同じ権利を行使することはできない」とあった。

議場の女性代表は、皆が険しい表情で反対を表明。当時、緒方さんも苦労して総会に出席していただけに強く反発し、「サウジアラビア代表の提案は、女性がバカか無責任だという前提に立っている」とまで発言したという。結局、この修正案が通ることはなかった。

一九六八（昭和四十三）年と一九七〇年の二回の国連総会での経験を、緒方さんは、著書『国連からの視点』で、以下のように総括していた。

＊　＊　＊

二回にわたる総会出席は、私にとって、貴重な体験であった。国際政治を専攻するものにとっては、まさに生きた教室にいるといってもよかった。ただし、私の側から審議に貢献するなどと言えるようなことは、ほとんどなかった。

日本にとって関心のある議題については、それなりの勉強をし、対処ぶりを決めたうえでステートメントをおこなうことはできた。しかし問題が紛糾し、代表たちが代わるがわるその場で発言をする、いわば本格的な討議となると、ただただ傾聴するばかりであった。そもそも総会での討議は、下部機関から上がってくる報告や勧告に対し、最終審議をおこなうものである。したがって、下部機関での経緯を十分に承知している人ほど、実質的な討議に加わることができる。そのうえ一四〇か国以上の代表たちが居並ぶなかで、時をはずさず適切な発言をするためには、相当な心臓と場なれからくる自信のようなものが必要なのである。「あんなことなら私にも言えたのに」と思っても、後の祭り。チャンスはまたたく間に飛び去ってしまう。自分の思ったことをいつでも、チャンスをとらえて発言できるような余裕ができたのはかなり後年、やはり代表部に赴任して、会議出席の回数を重ねてからであった。

『国連からの視点—「国際社会と日本」を考える』（朝日イブニングニュース社、一九八〇年）より

＊　＊　＊

第七章　日本初の女性国連公使

―国連日本政府代表部への赴任―▼―上智大学教授―

国連公使としてニューヨークへ

一九七五（昭和五十）年、緒方さんは、自身三回目の国連総会（第三十回総会）に参加する。その年の末、思いがけないことが起きた。外務省から、「公使として国連日本政府代表部に赴任することはできないか」という申し出があったのである。

国際婦人年に当たり、日本では、婦人の大使や公使の任命を実現できるか、注目されていた。国会でも取り上げられ、外務省は人選を進めることを約束していたのだ。

緒方さん自身、アメリカ・ニューヨークに赴任する環境は整っていた。じつは、この年の三月、夫・四十郎さんが日銀ニューヨーク事務所に駐在参事として転勤しており、長男と長女も、夏からニューヨークで暮らすようになっていた。緒方さんだけが、国連総会に参加した後に帰国し、専任の教員をしていた国際基督教大学から休職が得られるまで授業を続けていたのである。

正式に赴任が決まると、マスコミも大きく扱った。一九七六（昭和五十一）年二月十七日付けの朝日新聞には、こんな記事が出ていた。

＊　＊　＊

わが国で初めての女性公使が十六日、本決まりした。国際基督教大学の緒方貞子准教授（四八）で、近く国連代表部公使として正式に発令される。この日、外務省で記者会見した緒方さんは薄いフジ色の細かい模様の入ったワンピースと黒いハンドバッグという気軽な服装で、「国際婦人年が、こんな形で現れるとは夢にも思わなかった」「女性へのリップサービス（見せかけだけのお世辞）ではないと思うわ」。記者団の質問に早くも堂に入った受け答えぶりだった。

女性大、公使の選任は、国際婦人年だった昨年から三木首相の指示もあって外務省を中心に進められ、最終的には「六、七人の候補者にしぼられた」（外務省首脳）。その中で、四十三年から三回も国連第三委員会（社会人権委）に政府代表代理として出席し、外交手腕にも定評のある緒方さんに、第一号の白羽の矢が立った。外務省としてはこんごとも公使だけでなく、女性大使の人選も進める。

＊　＊　＊

緒方さんは、「公使になったからには、女性であるということにとらわれず、いろいろなことに関わりたい」と思ったという。

大学院の教え子である野林健さんは、「公使になる時は、非常に気持ちが入っていたようです」と振り返る。ニューヨーク赴任の挨拶状が届いたが、そこには「邦家《ほうか》のために尽くします」と書いてあったという。

また当時、緒方さんの助手を務めていた朽木ゆり子さんは、緒方さんの凛とした強い人間性を実感したというエピソードを話してくれた。

「私の役目の一つは、学校の研究室で先生の郵便物を整理することだったのですけれども、緒方先生が国連公使に任命された直後に、妙なはがきが届いたのです。鉛筆で書いた、ミミズがのたくったような汚い字で……。緒方先生が国連公使に任命されたことに対して悪口が書いてある。一種の脅迫状なのです。『これで、自分は偉いと思うなよ』みたいなことが書いてあって、とても気味の悪い手紙だったんです。それで私は怖くなって、先生に、『こんなものが来ました……』と言ってお見せしたら、先生はパッと見て、『あ、そう』とだけ言って、ぱっと横に置かれて、全く動じませんでした。そのことに、私は、ものすごく感心したのです」

さらに、緒方さんの国連公使就任は、ニューヨーク・タイムズなどアメリカの新聞でも、写真入りで報じられた。その理由を、緒方さんは、「日本の婦人の地位がよほど低いと思っていたのか」と分析していた。以下は、その記事の翻訳の一部である。

＊　＊　＊

オガタ・ナカムラ・サダコ氏は今、外交官である。しかも、これまでの外交官で女性の最高地位の職務である。公使として、もしくは国連に送られた彼女の国の三十人の特命大使のナンバー2として、四十八歳のオガタ氏は大きな世界会議で日本を代表するだけでなく、最近やっと自由化の意思を持ち始めた五百万人の日本女性にしっかりと見られることになるであろう。日本の外務省は、ずっと伝統的な男性社会を反映してきた。中央政府の管理職には、まだ十名の女性のポストしかない。

この社会の変容には、（アメリカからの上辺だけの流行の融合がない限り）大衆世論の合意が必要である。結果、それには時間がかかることになる。しかし、総理大臣の三《み》木《き》武《たけ》夫《お》が女性の地位向上に努力すると約束し、変化は早急に起こった。

（中略）

国連公使時代の緒方さん（写真提供：市川房枝記念会女性と政治センター）

「私はあんなふうに自分の名前が挙がるなんてとても驚きました」とは大学で政治学の准教授を務めてきたオガタ氏。「私は外務省で働くなんて考えたこともなかった。それは女性に開かれた職務ではありませんでした」

（中略）

過去二年間、オガタ氏は東京郊外の国際基督教大学で教えていた。学生と同僚たちは彼女のことを「気取らない」「魅力的で」「人気のある」「テニスのうまい方」と言う。

オガタ氏は、行く末は日本で最初の大使になるのではないかとよく噂《うわさ》されている。「それは、まだ私の知らないことよ」と彼女は言う。大学の休職期間は三年で期限が切れる。

彼女は、「国連は女性にとってとても居心地の良い場所」と述べ、そして付け加えた。

「そしてニューヨークにいることも気に入っ

ているわ、エキサイティングな場所や人がたくさん。とてもくつろいでいます」

＊　＊　＊

国連で働くようになった緒方さんは、当時の福田赳夫《ふくだたけお》総理大臣がニューヨークを訪れた際、「あなたは、今までどちらにいたんですか?」と問われ、次のように答えたという。「私、台所から国連にやってまいりました」——。これは緒方さんによると、「普通に暮らしていた」ことを伝えたくての発言だったとのこと。

国連公使になって、まさに大きく生活が変わった緒方さん。当時の仕事は、どのようなものだったのか。著書『国連からの視点』では次のように語っていた。

＊　＊　＊

「国際的な規範と国家的な利益とのからみ合い、これが国連政治の基本的な姿である」

「日本政府の代表として政府の立場を表明し、日本の利益をまもるのが私の仕事であった」

「日本にとって近い国もあれば、遠い国もある。日本との交流が密なところもあれば、まったく疎遠なところもある。それにもかかわらず、私たちに求められているのは、国連の場をとおして、世界のどの地域における貧困にも、差別や災害にも、あるいは紛争にも関心を示し、その改善や解決に努めることなのである。これは相当、骨の折れる仕事である」

「会議は一日二回、一〇時半から午後一時、三時から六時が予定されているが、時には午後九時からナイト・セッションが加えられることもある」

「昼休みの二時間は、たいていほかの代表部や事務局の人たちとの会食にあてられる。また夕方にはレセプションも多く、情報の収集や意見交換のために、これまた欠かすことのできない仕事の一部である」

「『国連は休日の少ないところ』という印象が一層強い」

＊　＊　＊

磨かれた外交センス

緒方さんは、主に特別政治委員会の担当だった。国連では、第一委員会と呼ばれる委員会で軍縮を中心とする安全保障関係の政治問題を扱い、特別政治委員会でその他の政治問題、例えば南アフリカのアパルトヘイトや、パレスチナなどについて議論していた。

「国連のお仕事というのは、いろいろな事業を実現させるために、討議をして、そこから決議案を通してまとめていくのです。まずは人と話をして、どこの国の人がどんなことを考えて、どういう形でこの決議案が進んでいくのかということを、いろいろ勉強しなければなりません。それは、人を知らなければできないし、資料を読んでおかなければ何を人と話し合うのか分からない、というようなことはありました。いろいろなアイデアを、ある程度整えた形で提案していく。どういう形で交渉して、自分にとっていちばん大事な部分を通すのか……。それから、あらゆることについて『良きに計らえ』と言われているわけではなくて、外務省からのいろいろな指令が来ていますから。そういうところにまとめて報告して……。『こういうことをしたい』という報告にまとめていくには、訓練が必要でしたね。紛争の中で守るべき原則というのはどういうものなのか。その大きい原則に加えて、具体的にはどういう形でその提案をすれば通るのか。そういうことはたくさん覚えました」

――討議を繰り返す生活になって、何を学びましたか

「とにかく、いろいろな国の、いろいろな人たちが、代表でいるのです。聞いたこともないような国の方がいっぱいいるわけです。勉強になりますよね。今までとは、考え方も

国連本部のあるニューヨークを再訪した緒方さん。2012年

違う人たちがいっぱいいたわけですから。最初に国連に行った頃と比べたら、途上国の代表の方も数が増えてきましたしね。その影響はずっと大きくなっていましたから。ですから、国連に行って良かったのは、今まで会ったことのないような、見たこともないような国の人と知り合ったことです。非常に素晴らしい理屈できちんと説明できる人がいるのだな、大きいお金持ちの国から来る人が優れているとは言えないな、ということは学びました。全く思いもしなかった人が、素晴らしいことを話してくれることもありましたから。発見ですよね」

――途上国の代表の意見や考え方で、はっとさせられることも多かったのですか

「それはそうですよ。その国の世界的に置かれている地位によって、どういうものがい

ちばん欲しいのか、必要なのかは違いますからね。いい勉強になりました。それは、UNHCR時代にも役立ったと思いますね」

国連日本政府代表部で、緒方さんのアシスタントをしていた伊藤恵子《いとうけいこ》さんに、当時の緒方さんについて尋ねた。

「最初の一年間は、緒方さんが国連の外で話すスピーチの原稿の下調べや下書きを、私がしていました。テーマは、女性の地位などについてでした。二年目になって、私の直接的な関わりがぐっと減りました。当時の日記に、私は二つの理由を挙げています。『一つは、緒方さんのスピーチ内容が、外交問題や開発問題にシフトし、私が調べて書くより、緒方さんが実際の経験と知識を織り込んで書かれたほうがよほど良いものになるから。もう一つは、緒方さんご自身が、最初の頃は事前に準備をしていないと気がかりだったのが、二年目にもなると、ぎりぎりになっても余裕しゃくしゃくになったこと。講演の直前に必要な資料を集めて簡単にメモ用紙に話の構想を練れば、十分に立派な講演ができて、私が手伝う余地がなくなった』。そして生意気にも、若い私は、こう日記に書いていました。

『緒方さんの成長ぶりを目の当たりにして感心せずにはいられない。よく、人間は責任と地位のある職につけば、それに見合うだけの大物になるというが、実際にはなかなかそうはいかない実例はいくらでもある。けれども、緒方さんの場合は、まさに彼女のポテンシャルが、与えられた職の中でどんどん活かされているのである。側にいるだけで、私はそれが手に取るように分かるような気がする』」

これは、緒方さんが国際社会の場で成長していく姿を記録した、貴重な証言だと言える。さらに伊藤さんは続ける。

「私に『成長ぶり』と映ったのは、緒方さんの存在感が周りから認められ、尊敬されていくのが感じられたからだと考えます。それは、〝問題の本質を理解する能力〟〝自分の意見を明快に発言できる勇気〟〝人の意見を聞き入れる謙虚さ、人間的余裕〟……、こういった資質によるものでしょう。また、これは全く主観的な印象ですが、緒方さんの強さ、ご自分の信念と哲学を通すことのできる強さは、官僚組織の中で出世しよう、うまくやっていこうという野心がなかったところにあるのではないかと、私には思えるのです」

「上善如水」と「人を見極める目」

さらに、緒方さんの部下だった元外務省職員の加藤淳平《かとうじゅんぺい》さんも、たいへんに興味深い話をしてくれた。

「私が、緒方さんについていちばん感心するのは、『我がない』ということですよね。『我意がない』ということです。非常に公明正大な方ですよ。『上善如水(じょうぜんみずのごとし)』という言葉がありますけれども、水のようなイメージです。ですからお話をしている、あるいはお話を聞く、そういう時に一〇〇パーセント信用できる。これが緒方さんの圧倒的な印象ですよね。だからこそ、さまざまな判断が非常に正確なのだと思いました。〃自分〃というものを介して何かを判断するとか、そういうことのない人でした。全く客観的に公正になれる人、という印象でしたね」

加藤さんが挙げてくれた、「上善如水」というのは老子の言葉である。理想的な人の生き方を、水の性質に例えて説明したものだ。一つに、水は四角い器に入れれば四角くなり、丸い器に入れれば丸くなる。器に逆らうことのない形を変える柔軟さを備えている。次に水は人の嫌がる低いところへ流れていく。わけへだてなく謙虚で、自分の能力や地位を誇示しようとはしない。最後に水は変幻自在かつ謙虚でありながら、急流に差しかかれば固い岩を砕く力を持っている。これは、いざという時にこのように力を発揮できれば、目的を達成することができることを意味する。

さらに加藤さんは、緒方さんの「人を見極める目」について話してくれた。

「例えば、国連代表部におりますと、『ほかの国の代表部の人間が、どれくらいの能力があるか』というようなことを見極める必要があるわけです。そういう時に緒方さんは、『あの人はできますよ』とか『この人は有能』とか、びしっびしっとおっしゃってね。それが非常に正確。私がその後に実際に当たってみると、彼女が高く評価している人だったら、まず間違いないと信頼できるのです」

——自分で勝手に決めたフィルターみたいなものを持たずに人のことを見極められる、ということですか

「そうです。ほかにも緒方さんに特に感心することがあるのです。よく日本人にあるのですが、白人もしくは大国の人だといやに感心するのに、一方、例えばアフリカの人とか、そういう人たちの言うことは初めから相手にしない、そういうことが緒方さんには一切ないのです。偏見が全くない人だったですね。これは案外、日本人には難しいことだと思うのです。私は、緒方さんのその部分に最初に気付かされて、『ああ、この人は本当にできる人だな』と思ったことを憶えております」

緒方さんが国連で活躍していた七〇年代、日本の外交官にも〝大国崇拝〟のようなも

のが存在していたのだろうか。

「これは一例に過ぎませんが、アフリカのブルキナファソという国（当時のオートボルタ）があるのですが、そこの若い二等書記官について、緒方さんが、『あの人はなかなかいい』とおっしゃったのです。二等書記官というと通常の付き合いはあまりないのですが、緒方さんがそう言われるので、何かの時に少し話をしてみると、これがじつに立派なのです。非常に純粋なところがあって、もちろん頭も良い、理解力もある、かつ変に感情的ではない。非常に客観的にものを見ることができる。『これはすごい人材だなあ』と思ったものです。こういう人を、なかなか普通の人は見つけてきませんよ。言ってみれば小さな国の下っ端の外交官に過ぎませんから。『人をきちんと見抜く目を持っておられる方だな』と思いましたね」

開発途上国への訪問

国連日本政府代表部に勤めていた時、緒方さんは、ユニセフ（国連児童基金）の執行理事会役員も務めていた。執行理事会の仕事は、非常に面白かったという。討議が主体の国連における会議外交とは異なり、実質的な事業を行っていたがゆえの手応えが感じられたか

ユニセフ執行理事会で議長をする緒方さん。1978年（UN Photo/Milton Grant）

「全く客観的に
公正になれる人、
という印象でした」

らだ。このユニセフの仕事で、緒方さんは、実態を知るためタイやベトナムなど世界の現場を訪ねている。

例えば、タイ北東部の貧困地域では、水の事業を視察した。そこでは、子どもに栄養を補給しようとしても水がない、汚い水で粉ミルクを溶かせば病気を引き起こす、よってきれいな水を確保しないといけない、という課題があった。そのためにユニセフが実施していたのは、掘った井戸を維持・管理する人を村人から募って医療知識を含めて訓練を施す、という地道な取り組みだった。

のちのＵＮＨＣＲ時代、国際協力機構（ＪＩＣＡ）時代に緒方さんが貫いた方針の一つに〝現場主義〟がある。一年の半分以上、スイス・ジュネーブの本部を離れて各地を巡っていた緒方さん。その姿勢には、まさに、ユニセフでの経験も強く影響を与えていたようだ。

「初めて開発途上国に行ったのは、ユニセフです。初めて貧困というものを見たのは、ユニセフです。ユニセフの現場で、それこそ赤ちゃんの目方を測って、目方を測ることによってどのぐらい成長しているか、そしてそれにどれだけ母乳が必要かとか、そういうこともやりました」

――現場に足を運んだ経験というのは、その後のＵＮＨＣＲの活動などに影響を与えま

したか

「それは役に立ちますよ。貧困というものはどんな状況を生み出すか……。UNHCRで難民を保護する時に、『法的に保護するのではなくて生活ごと保護する』と考えたのも、ユニセフで現場を知っていたからなのです。何をどう援助したらいいのかということは現場に行かないと分からない、ということを学びました」

「模擬国連」の組織化

緒方さんは、一九七九(昭和五十四)年に任期を終えて日本に帰国、翌年春から、上智大学の教授となる。その三年後、一九八三(昭和五十八)年、日本の若者向けに「模擬国連」を組織化した。

模擬国連では、日本全国の大学生・大学院生を中心とする参加者一人ひとりが、世界各国いずれかの大使となり、各国の立場に立って、実際の国連会議で扱われる問題を話し合う。国際問題の難しさを理解するとともに、問題の解決策を探ることを目指している。

当初は毎年ニューヨークで行われる「模擬国連会議全米大会」への日本代表団の派遣を中心に活動していたが、規模の拡大に伴い、日本国内での模擬国連の活動を本格化させていった。

日本模擬国連全国大会。2012年

日本の模擬国連では、現在までに、のべ八千人が経験を積んできた。ここから実際に、国際社会の舞台で活躍する人材も数多く輩出されている。

私たちは、二〇一二（平成二十四）年十二月に東京で行われた模擬国連の全国大会を取材したが、活発に議論を繰り広げる若者たちの姿が、たいへん印象的だった。

利害が対立し思惑がうずまく国際社会。紛争の火種を常に抱えている。その中で、次代を担う若者たちに、緒方さんが望むこととは何だろうか――。インタビューの中で、次のような印象的な話を、緒方さんは語った。

「〝多様性〟への対応ですよね。このごろ、多様性というものはポジティブなこととして出されていますけれどもね。では、多様性にどう対応するか——。やっぱり尊敬しなくてはいけないのでしょうね。尊敬というのはオーバーかな？　尊重でしょうか。隣の人は自分と同じとは思わないほうがいいですよ。あなたと私は違うのです。違った部分については、より理解しようとするとか、より尊敬するとかしなくてはいけないのではないでしょうか。〝異人〟という言葉。あれ、〝異なる人〟と書くでしょう。人間を見る時には、本当はにんべんの〝偉人〟でなくてはいけないのですよ」

初めて難民と接する

緒方さんは、国連公使の任を終えた直後に、難民問題に初めて取り組んでいる。日本に帰国して間もない一九七九（昭和五十四）年十一月、外務省の依頼で、カンボジア難民の救済視察団団長としてタイに赴いた。

その実情を視察し、国内に広く伝えるとともに、日本が、資金援助に加え、どんな具体的方法で救済に協力できるかを考えるためである。四日間の現地視察。タイとカンボジアの国境地帯で、直接、数多くの難民の姿を目にし接した。

この体験が、その後、ＵＮＨＣＲで難民問題に正面から取り組むことになる緒方さんの関心や考え方に大きな影響を与えていたことは、著書『国連からの視点』の記述からも感じ取ることができる。

＊　＊　＊

キャンプを視察して目についたのは、救援活動に従事している多くの若い欧米人の男女の姿であった。医師、看護婦、キャンプ管理官、食糧の配給、子どもの世話。おしなべて、彼らは飾らず、気どらず、しかも自信をもって仕事にあたっている。キリスト教の伝統か、植民地支配の遺風なのだろうか。国籍はわからないが、多くの白人の男女が、カンボジア難民のなかで働いているのに、日本人はほとんど見られなかった。「同じアジア人」とか「心

カンボジア難民問題でタイへ

と心のふれ合い」を標榜したわが国の対外協力、とくに対アジア協力の姿勢が、難民に向けられないことはないはずである。この惨状が十分に伝えられ、しかも善意を善行に移しかえるチャネルが示されれば、日本人もこのキャンプに飛び込んで、身をもって難民救済にあたるに違いないし、またあたらなければならない、というのが、視察団一行の決意にも似た願いであった。

＊　＊　＊

「勉強してください」

緒方さんは、一九八〇（昭和五十五）年春から、国連難民高等弁務官となる一九九一（平成三）年まで、上智大学の教授を務めていた。一九八七（昭和六十二）年には国際関係研究所長、八九年からは外国語学部長を歴任した。

当時の教え子に、緒方さんの記憶やエピソードを尋ねてみた。まずは、現在は早稲田大学で国際関係論を研究する植木《うえき》千可子《ちかこ》さん。

「なぜ、最近欠席が多いのですか」――。修士論文提出時が近くなると授業を欠席する学生が多くなり、だんだんと出席率が悪くなっていた学期末、緒方さんが教室を見て、この一言を口にしたという。

「学生は論文執筆に追われていると説明しても、緒方先生はきょとんとした表情で『どうして、そうすると欠席が多くなるのですか』。さらに学生が説明すると『皆さん、計画を立てていないのですか』との質問。そこで学生が『計画を立ててもそのとおりに行かないことはないですか』と緒方先生に尋ねたところ、『そういうことはないですねえ。そういうことがあるのですか』とたいへん不思議そうでした。なおも学生が『先生でも書けないことがあるのではないか』と迫ったら、『そういう時は、散歩に行くことにしています』という返事でした」

続いて話を聞いたのは、上智大学大学院の一期生の教え子の一人、冨田《とみた》壽郎《としろう》さんだ。

「緒方先生の話し方は、一言で言うなら、断固とした口調。ゼミでは軽々しい冗談を言うのが憚《はばか》られるような緊張感がみなぎっていました。曖昧さがなく、『脇が甘い』と突っ込まれるのです。いい加減さを許さない姿勢が印象的でした。例えば、『明治維新以降の、政策決定のアクター（行為主体）は誰？』と緒方先生が質問した時、学生がうまく答えられずにいると、『藩閥です！』とピシャッと言っていたことを記憶しています」

緒方さんは学生たちに、学問の方法や学ぶということがいかなることなのかを伝えようとしていた。冨田さんは「先生については、いくつもの言葉を憶えている」と続ける。

『手に入る一次資料を集めなさい。いろいろ探し回ること自体が勉強なのです。それは、必ずしも論文に反映されなくても無駄になりません』と何度も言われました。ほかに、『教育は身に付いた経験や知識を全てはぎ落とした時、最後に残るものです』という話も印象に残っています。また当時、国際社会で働くことを目指す女子学生にとって、緒方先生は憧れの存在でした。何人もの学生が、緒方先生に、こう尋ねていました。『どうすれば、女性が国連で働くことができるのでしょうか』と……。これに対する緒方さんの答えは、いつも同じものでした。『勉強してください。何をやるにしても、まず自分で、その分野のことを勉強してください』」

専門性を持っているからこそ

緒方さんは、国連での仕事で何を大事にしていたのか——。そのことを、のちに同じ国連機関で働くようになってから深く理解したというのが、上智大学での教え子でもあった、

上智大学時代の緒方さん（写真提供：毎日新聞社）

山下真理《やましたまり》さんである。

「緒方先生が指針にしているのは、学問、専門性なのです。『女性である』ということが、共通軸になったことはないのです。緒方先生が求めていたことは、そういうことではないと思いますし、私たちも、緒方先生に教わったのは、『女性だから何ができる』というよりは、『専門性を持っているから何ができる。それを極めることによって何ができる』。そういうことを、緒方先生が示してくださいました。先生も女性ですし私も女性なのですが、でも大事なのはそこではなくて、やはり中身で勝負というところです。そこを教えてくださったのが、緒方先生だと思いますね」

――実際、山下さんも国連機関で働かれてみて、中身で勝負しないと通用しないと実感されましたか

「そうですね。専門性とプロフェッショナリズムによって切り拓《ひら》いていくのが国連のキャリアなのですが、いろいろな人がいるわけです。文化的な背景の違う人も国籍の違う人もいて、その中で男性も女性もいる……。女性としては男性と違うことは当然ありますけれども。だからといって、『女性だから』ということではないと思うのです。いろいろな意味で、多様な環境の中での一人、ということですから。その多様な文化の中でいかにやっていくか……。その中で、例えば日本人らしさを出すとか、たまには女性らしさを出すと

か、専門性を強く出すとか……。その時と場合によって、うまく考え適応していく。それによって国際社会でやっていく。緒方先生は、それを極めていたと思いますね」

人権問題への深い関心

上智大学で教壇に立っていた一九八〇年代も、緒方さんは、一方で、国連の仕事に関わり続けてきた。一九八二（昭和五十七）年から一九八五（昭和六十）年までは、国連人権委員会の日本政府代表を務めた。この時、日本政府が初めて人権委員会の委員国となり、緒方さんは初代代表となった。大学の春休み一か月を利用してスイス・ジュネーブの国連欧州本部に通った。

そして、一九八三（昭和五十八）年から一九八七（昭和六十二）年までは、国際人道問題独立委員会の委員も務めた。地道に、人道問題や人権問題への関心を継続させ、思索を深めていたのである。

一九九〇（平成二）年十月には、国連人権委員会の特別報告者としてミャンマーを訪れた。ミャンマー軍事政権については、政治犯への拷問など人権侵害が指摘されており、その調査をするためだった。

「人権の問題とか、人権の考え方について、ミャンマー政府と話し合いの道すじをつけてくるのが、私のミッションでした。リーダーであった軍の関係者とかに会って、『国連が考えている人権というものはどういうものなのか』という話をして、人権を尊重してもらう糸口にしようと。やっぱり、軍事政権の人たちと話をつけるだけでも大変なことでしたね」

当時のミャンマーでは軍事独裁体制が敷かれ、人びとから沸き上がる民主化の要求を退けていた。その中で、民主化を求める指導者アウン・サン・スー・チーさんは、自宅軟禁を余儀なくされていた。

じつは、このミャンマーを訪れた時の緒方さんについて、スー・チーさん自身が語る貴重な機会があった。二〇一二(平成二十四)年九月にアメリカ・ニューヨークで行われたグローバル・シチズン賞の授賞式。この賞は、アメリカの外交シンクタンク・米国大西洋協議会が、国際社会に大きな足跡を残した指導者に贈る賞で、この時、緒方さんとスー・チーさんが、同時に受賞した。

「緒方貞子さんは、ビルマの人権状況の調査を目的に国連が指名した最初の専門官でした。彼女が公式訪問した際、私は自宅軟禁の身だったので面会できませんでした。けれど

グローバル・シチズン賞授賞式

もこの時、短波放送で、緒方さんがビルマにいることを知りました。自由と民主主義の思想を追求しながら、良心に恥じることなく平和に暮らしたい人びとに、緒方さんの訪問がいかに大きな希望をもたらしたのか、を聞きました。彼らは、この小柄な女性に希望を与えられたのです」

じつは、このミャンマー滞在中、緒方さんは、たまたま聞いていたラジオの英語放送で、あるニュースを耳にする。それが、当時の国連難民高等弁務官であるトールバル・ストルテンベルグ氏の辞任だった。本国ノルウェーで外務大臣に就任するため、任期を三年も残して退任するという。もちろんこの時、緒方さんは、自分が後任になろうとは夢にも思わずニュースを聞いていた。

ところが、帰国後に当事者となる。外務省から、「各国が後任候補を出すので日本としては緒方さんを候補にしたい」という旨の打診があったのだ。

当時は子どもも成長し、子育ては一段落していた。八〇年代には老齢の母親の介護も十分に果たして、すでに看取《みと》っていた。また緒方さん自身、「日本は、もっと国連ポストに人を出すべきである」とたびたび語っていたので、前向きに考えることにした。

その後、次第に候補者が絞られていき、一九九〇年の年末、当時のハビエル・ペレス・デクエヤル国連事務総長から直接、就任を依頼する電話があり、ついに現実のこととなった。

第八章　紛争と向き合う中で

―国連難民高等弁務官時代―

第八代国連難民高等弁務官

国連難民高等弁務官事務所（ＵＮＨＣＲ：United Nations High Commissioner for Refugees）は、国連総会決議によって一九五〇（昭和二十五）年十二月に設立され、翌年から活動を開始した。人道的見地から、紛争や迫害によって故郷を追われた世界の難民の保護と難民問題の解決に向けた国際的な活動を先導し調整する任務を負っている。

第八代の国連難民高等弁務官に選ばれた緒方さん。女性初、アジア出身として初、学者出身としても初の難民高等弁務官であった。一九九一（平成三）年二月にスイス・ジュネーブのＵＮＨＣＲ本部に着任し、難民救済機関のトップとして仕事を始めた。

以降のＵＮＨＣＲ時代の十年にわたる活躍については、緒方さん自身による大著『紛争と難民　緒方貞子の回想』（集英社、二〇〇六年）など複数の書物が出ている。私も、それらを熟読した上で取材に臨んだ。よって本書では、内容の重複を避けることを意識しながら、「緒方さんの何が優れていたのか、そこから私たちが学びうることは何か」という視点で、いくつかのエピソードと、関係者ならびに緒方さんご本人の話を紹介していきたい。

国連旗の前で。1991年（UNHCR/E. Brissaud）

いきなりの難題

ＵＮＨＣＲ時代の緒方さんを語る上で、欠かせないキーワードの一つが、〝リーダーシップ〟である。緒方さんは、十年の在任期間中、前例のない決断を次々と下していった。

「ＵＮＨＣＲの歴史を動かした」と言われる最初の重要な決断は、緒方さんが、国連難民高等弁務官になって二か月足らずで下された。

一九九一（平成三）年四月、イラクでクルド人の難民問題が起きた。イラクのフセイン政権に弾圧されていた少数民族クルド人が武装蜂起。ところが政府軍に敗れ、隣国のイランとトルコに逃がれざるを得なかった。国境に押し寄せたクルド人の数、なんと百八十万人。これほど大量の難民が一気に生まれたのは、世界にとって初めての経験だった。

当時のことを理解するために、今回、特に協力を仰いだのが、長く緒方さんの側近を務めてきた、ソーレン・ジェッセン＝ピーターセンさんである。ピーターセンさんは三十年以上ＵＮＨＣＲで働き、現在は、イタリアにある、ジョンズ・ホプキンス大学の大学院で教えている。

「緒方さんは、UNHCRの歴史上、いや、近代史の中でも最大の緊急事態の一つに、いきなり直面したわけです。世界が注目する中、難民高等弁務官として、まさに、〝洗礼を受けた〟と言えます。緒方さんは直ちに現場へ向かわなければならないと判断しました。ヘリコプターで、高地にあるイランとトルコの国境を訪れ、一日中歩き回り、立ち止まっては難民に話しかけていました。『どこから来たのか』『いつ来たのか』『なぜ、ここに来たのか』『どんな希望を持っているか』ということを難民たちに問い、その答えにじっと耳を傾けていました」

イランは、逃れてきたクルド難民約百四十万人を受け入れた。ところがトルコは、トル

避難するクルドの人びと（UNHCR映像より）

ピーターセンさんと緒方さん（UNHCR映像より）

ソーレン・ジェッセン＝ピーターセンさん

コ国内にいるクルド系の武装勢力に悩まされていたため、受け入れを拒んだ。そのため、四十万人のクルド人がイラク国境の山間地に取り残され立ち往生し、絶望の淵に追い込まれていた。

国境を越えられず国内にとどまると、UNHCRも、簡単に彼らを救うわけにはいかない。なぜなら、〝難民〟とは、UNHCRの活動の基本となる難民条約に以下のように定められていたからだ。

――人種、宗教、国籍、政治的意見または特定の社会集団に属するなどの理由で、自国にいると迫害を受けるか、あるいは迫害を受ける恐れがあるために他国に逃れた人びと。

つまり、国境を越えて自国を出ていない人

は、ＵＮＨＣＲの支援の対象外であったのだ。

男性でもヨーロッパ人でもないリーダー

十年間の働きでたいへんな尊敬を集めることになった緒方さんも、就任当初、周囲や部下からはあまり期待されていなかったと、ピーターセンさんは話す。

「ＵＮＨＣＲに緒方さんが来たのは、前任の難民高等弁務官が、十か月働いただけで辞任してしまったからです。その人も、不祥事で更迭された別の難民高等弁務官の交代要員として来ただけでした。ですから当時、スタッフの士気は非常に低くなっていたのです。多くのスタッフは、緒方さんによってＵＮＨＣＲに安定がもたらされるのか、ということを懸念していました。緒方さんがこのポジションに就いた時、緒方さんのことを知っているスタッフは、ほとんどいませんでした。まず女性初の難民高等弁務官であることに、みんな不安を感じていました。その前の七人は全員男性でしたから。また緒方さんは、ヨーロッパ人ではない初めての難民高等弁務官でもありました。一人だけ中東系の人がいましたが、彼も育ったのはイギリスとフランスですから、事実上ヨーロッパ人と言えるわけです。ですからＵＮＨＣＲのトップに女性が入ってきて、しかもその女性の出身地はＵＮＨ

CRが馴染みの土地柄とはかけ離れている……。不安を募らせていたわけです」

緒方さんにとっては、決して恵まれた状況ではなかった国連難民高等弁務官デビュー。しかし余談かもしれないが、ピーターセンさんの妻は、偶然にも日本人だった。その人が緒方さんの側近となったのは、一つの幸運だったのではないか。

「妻の親友が、以前、緒方さんと一緒に国連日本政府代表部で働いていました。もう一人の友人も、国連で彼女が仕事をしていた折に一緒に働いていました。ですから二人とも緒方さんのことを知っていて、私は彼女らを通して、緒方さんについて熟知していきました。それゆえ私自身は、彼女の任命は非常に良いことだ、と安心していました。私はいつも友だちや同僚たちにこう言っていました。『私には二人、日本人のボスがいる』と。オフィスにいる日本人のボスが緒方さん、そして家にも日本人のボスがいる。私の妻です（笑）」

UNHCRの歴史を変えた決断

話を、クルド人問題に戻そう。緒方さんは対応を協議するため、ジュネーブの本部に戻ると、すぐに幹部を集め、シニア・マネージメント委員会を開催した。

今回のピーターセンさんへの取材で、その会議の詳細が明らかになった。

「シニア・マネージメント委員会は十〜十五人で構成されていました。緒方さんと私に加え、各部署の局長が参加していました。女性は、緒方さん以外に、ヨーロッパ局長と人事局長の二人いたと思います。ほかに、チュニジア人の男性の中近東局長、レバノン人の国際保護局長などが出席していました。まずは緒方さんから、現場を見てきた感想や、イランとトルコの大統領との話し合いについて説明がありました。そして、会議の出席者に意見を求めました。とても重要な決定でしたから、意見を聞くことが本当に大事だと、緒方さんは考えたのでしょう。今回の論点は、『ＵＮＨＣＲが、まだ国境を越えていない人びと、つまり〝国内避難民〟と呼ばれる人びとに関与すべきかどうか』でした。彼らに対して、ＵＮＨＣＲは正式には関与する義務はありませんでしたから」

スイス・ジュネーブ、現在のUNHCR本部

——どんな話し合いになったのでしょうか

「『難民は国境を越え別の国に入国してい

なければならない、と定められている』と国際保護局長が発言しました。国際保護局長は、難民高等弁務官に対し、法体制や法律上の助言提供も担当しています。『ＵＮＨＣＲは厳格にその責務を順守すべきだ』と強く主張したのが、国際保護局長でした。これに賛同し、『トルコの国境封鎖を認めれば、ＵＮＨＣＲの難民保護に関するマンデート（責務、権能）は今後間違いなく弱まるだろう』という発言もありました。一方、中東を担当する局長は、『ＵＮＨＣＲは、柔軟に、難民が現在いる場所で支援する努力をすべきだ』という意見を述べました。賛成意見を述べない人や、賛成か反対かの立場を取ることに慎重な人もいました」

緒方さんは、二時間以上にわたって、全ての幹部の意見に根気強く耳を傾けていたという。ピーターセンさんは、緒方さんについて、「彼女はチームプレイヤーで、人の意見を求め、よく話を聞こうとするタイプの人なのです」と話す。

「そして緒方さんは、『決心した』と言いました。『私は、介入することに決めました。なぜならＵＮＨＣＲは、被害者たちが国境を越えたかどうかにかかわりなく、被害者たちのもとに、そして側にいる必要があるからです』と言ったのです。国境の反対側で何もせずに待っているのではなく、被害者たちと一緒にいることを望んだのです。これが、彼女が下した、最初の重要な決断でした」

クルド難民の子どもたちと。1991年（UNHCR/J. Crisp）

「ＵＮＨＣＲは、
被害者たちが国境を越えたか
どうかにかかわりなく、
被害者たちのもとに、
そして側にいる必要がある」

――緒方さんの決断を聞いて、幹部たちはどんな反応をしていましたか

「あれほど明確に、決断力を持って、きっぱりと結論を出したことに、皆が驚き、感心していました。見事なリーダーシップでした。この時、彼女はオフィスに来てまだ二か月も経っていなかったのです。それなのに、どんな難民高等弁務官にとっても、まして新しく難民高等弁務官になったばかりの人にとってはなおさら、最も難しい問題に直面し、その解決策を彼女は即決してみせたのです」

緒方貞子の決断力

会議での決断は、緒方さんが決然としていること、緒方さんが優れたリーダーシップを持っていること、緒方さんが勇敢であることを見事に示し、その噂は、一気にオフィス内外に広がった。

「彼女は差し迫った危機の中に放り込まれるような形になったのですが、そのおかげで、彼女は自分が真のリーダーであることを皆に示すことができたのです。そして実際に、そのあと彼女は素晴らしいリーダーになっていきました」

取材では、緒方さん自身にも、決断力やリーダーシップについて尋ねた。

「決めなくてはならないのは私だから。私が決めるよりしようがないのだから。だって、聞く人はいないのです。私が決めなくてはならないのです。だから、それはしようがない。そのためにいるのですもの、私。トップというのはそのためにいるのです」

――判断の基準として最も大切にされていたのは何でしょうか

「ある程度、いろいろな条件とかインフォメーションを頭の中で整理した上で……、勘だな、最後は勘ですね。どっちがいいだろうということは、全部整理していたら決められないですよ、いつまで経ってもね」

――〝勘〟ですか

「勘でしょうね。だって本に出てくるのと違うのですもの。勘ですよね。最後は勘だと思いますよ、私は」

もちろん緒方さんの言う「勘」とは、〝思いつき〟という意味ではなく、〝経験に裏打ちされた決断〟にほかならない。

さらに緒方さんは、こう語った。

「UNHCRのリーダーを務めるには、度胸も大事でしたね。あるいは勇気があることも大事でした。だってグズグズしてものを決めない上役がいると、じれったいでしょう？　じれったい上役は耐えられないでしょう？　いつまで経っても、ああだこうだと考えていたら、トップが何のために存在しているのか、分かりませんからね」

〝プラグマティック〟と〝ケア〟

側近を務めたピーターセンさんは、緒方さんを語る重要なキーワードとして、さらに、〝プラグマティック（理論ではない、実際的・現実的な）〟という言葉を挙げた。

ピーターセンさん

「クルドの問題では、緒方さんが、とてもプラグマティックな決断を下したことに、私は、重要な意義を感じました。以来十年、緒方さんは、ずっとプラグマティックな対処法を選択し続けました。その根幹にあるのは、『UNHCRは、保護のために難民たちにできるだけ近寄り、親身な立場に立たねばならない』ということでした。それは、彼女の独自の哲学、もしくはUNHCRに来る前にたくさんの人権問題に取り組んでいたことから導かれた考えだと思います。もちろん彼女は、法律的な論議も重要で尊重されなければならないことは理解していましたが、『私たちは人間の問題に面しているのであり、プラグマティックでなければならない』と確信していたのです。国際法などの法律文書に完全に合致することが大事なのではなく、その法を犯さない範疇《はんちゅう》で、柔軟に、プラグマティックに、UNHCRの保護を必要としている人たちが、その保護を確実に受けられるように努めたのです」

旧ユーゴスラビア紛争下のサラエボ視察。1992年（UNHCR/S. Foa）

国境を越えていない国内避難民にも難民としての支援を行う――。組織の前例にしばられることなく緒方さんが果敢な決断を下すと、イラク国内にとどまるクルド人に対し、UNHCRの救援活動が直ちに始まった。

その決断の意味・重要性は、クルド人の救済にはとどまらなかった。その後まもなく起きた旧ユーゴスラビア紛争でもこの方針は活かされ、非常に多くの国内避難民の命が救われることになるのだ。私たちは当時のことを知るため、さらにピーターセンさんとの対話を重ねた。

――緒方さんの決断は、どんな意味を持っていたのでしょうか

「UNHCRにおける保護政策の重要な転機となりました。冷戦が終結し、大量の難民を生む新しいタイプの紛争が起こり始めた時期でしたから。イラクで起きた出来事は、その後十年で何度も見られるようになった地域紛争の先駆けだったのです。この紛争は、民族や宗教などを理由に同じ国民同士が争う紛争で、これは同時に、多くの国内避難民を生み出すことになります。緒方さんは、国内避難民の救済に非常に積極的でした。なぜなら彼女は、ユーゴスラビアの崩壊も予想していたからです。もしそうなれば、国境線も変わってしまいます。今日は国内避難民だった人が、明日には国境の外で難民となる可能性も十分にあると考えていたのです。その意味で、彼女が適時適材だったことは間違いありませ

ん」

——緒方さんは、これから起きるであろう歴史の変化を見据えていたということですか

「ええ。彼女には、未来を見据える能力があったと思っています。政治学というバックグラウンドがあるため、彼女は〝政治〟というものを非常によく理解していたと思います」

「緒方さんという人物を、一言で表現すると、どうなるでしょうか」と、私がピーターセンさんに尋ねると、以下の答えが、きっぱりとした口調で返ってきた。

「私は、難民高等弁務官としても一個人としても、緒方さんを同じように表現したいと思います。緒方さんは、〝ケア（深い思いやり）〟のある人物です。彼女は〝ケアリングな（思いやりの深い）〟人です。難民高等弁務官として、難民たちにたいへん深い思いやりを持って接していました。ＵＮＨＣＲの中にも、キャリア組の官僚的な人間はいて、時々自分の立場や昇進のことを優先する場合がありました。でも、正しい結果を出すには、難民に思いやりを持つしかないと、緒方さんは教えてくれたのです。またＵＮＨＣＲのスタッフたちの安全や幸福についても深い思いやりを持って考えていました。これは、難民高等弁務官にとって非常に重要な性質であったと思います」

ヨハン・セルスさん

この答えを聞いた時、私は驚いた。というのも、ピーターセンさんへのインタビューを行う前に、緒方さんのアシスタントを務めていたヨハン・セルスさんに話を聞いた時にも、全く同じ〝ケア〟という言葉で、緒方さんを評していたからだ。

「彼女のことを形容する言葉として今頭に浮かぶものに、〝ビジョン〟〝リーダーシップ〟があります。けれども、彼女をいちばん的確に形容する言葉は、やはり〝ケアリング（思いやりの深い）〟という言葉でしょう。難民に対してはもちろんでしたが、もう一点言っておきたい側面は、彼女がＵＮＨＣＲのスタッフのことも非常によく気にかけてくれていたことです。我々が危険な状況に直面するたび、例えば同僚が亡くなったり殺されたりすると、緒方さんは、彼らに何が起きたのか心の底から気にかけ、また彼らの家族に及ぼす影響についても心配していました。このようなことから、〝ケアリング〟という言葉こそが、難民高等弁務官としての彼女を形容するのにふさわしいと思うのです」

一見クールな緒方さんだが、多くの部下たちには、〝思いやりの深さ〟が十分に伝わっていたのだ。

徹底した〝現場主義〟

もう一つ、UNHCR時代の緒方さんを語る上で、セルスさんが挙げたキーワードがあった。〝現場主義〟である。これは、ほかの多くの関係者も指摘していた。

「緒方さんは、それまでの、どの難民高等弁務官よりも、現場主義を貫いていました。難民高等弁務官になった当初、とても早い時期から、現場に実際に出向くべきだと、彼女は決めていたのだと思います。そして彼女は難民高等弁務官だった十年の間、ずっとそれを続けていました。プライベートの時間はほとんどなかったと思います。基本的に週七日働いていました。ジュネーブを拠点にしてはいましたが、世界中を飛び回っていました。週末を移動日にしていたのです。そのため当時は、かなり忙しいスケジュールでした。同行するスタッフの間からは、『緒方さんのペースについていくのは大変だ……』という声

コソボ紛争の際、難民たちと（UNHCR 映像より）

「現場を見るということは、
人間と知り合う
ということでしょう」

が出るほどでしたよ（笑）。彼女のスタミナ、意志の強さは信じがたいものでした。例えば、海外から飛行機で早朝にジュネーブに戻ってきた時も、彼女は空港からいったん帰宅しシャワーを浴びて着替え、午前十一時にはもうオフィスにやってきてミーティングを始めていたのです。本当にすごいペースで仕事をしていました。彼女のそういうところを私は非常に深く尊敬しています」

またセルスさんは、緒方さんが難民キャンプを訪問するたびに、人びとの経験談を聞きたがったことが印象的だったと語る。

「私が思うのは、彼女はとても優れたリスナーだったということです。緒方さんは、難民たちがどんな経験をしてここに至ったのかを理解するために、ひたすら彼らの声に耳を傾けていたのです。その姿は思いやりにあふれていました。さらに、難民の話を十分に聞いた上で、その地域の政治的なリーダーとも交渉しました。こうして彼女は解決策を導き出していったのです。また、何年も経ってから再び同じ場所を訪れて、それまで彼女が出会った人びとについて語ることもしばしばありました。このようなことが、難民高等弁務官としての意欲につながり、彼女の指針となり、難民たちのためにあれだけのことができたのだと思います。難民たちのことを心から気にかけて、彼らのもとにいて、彼らを守ろ

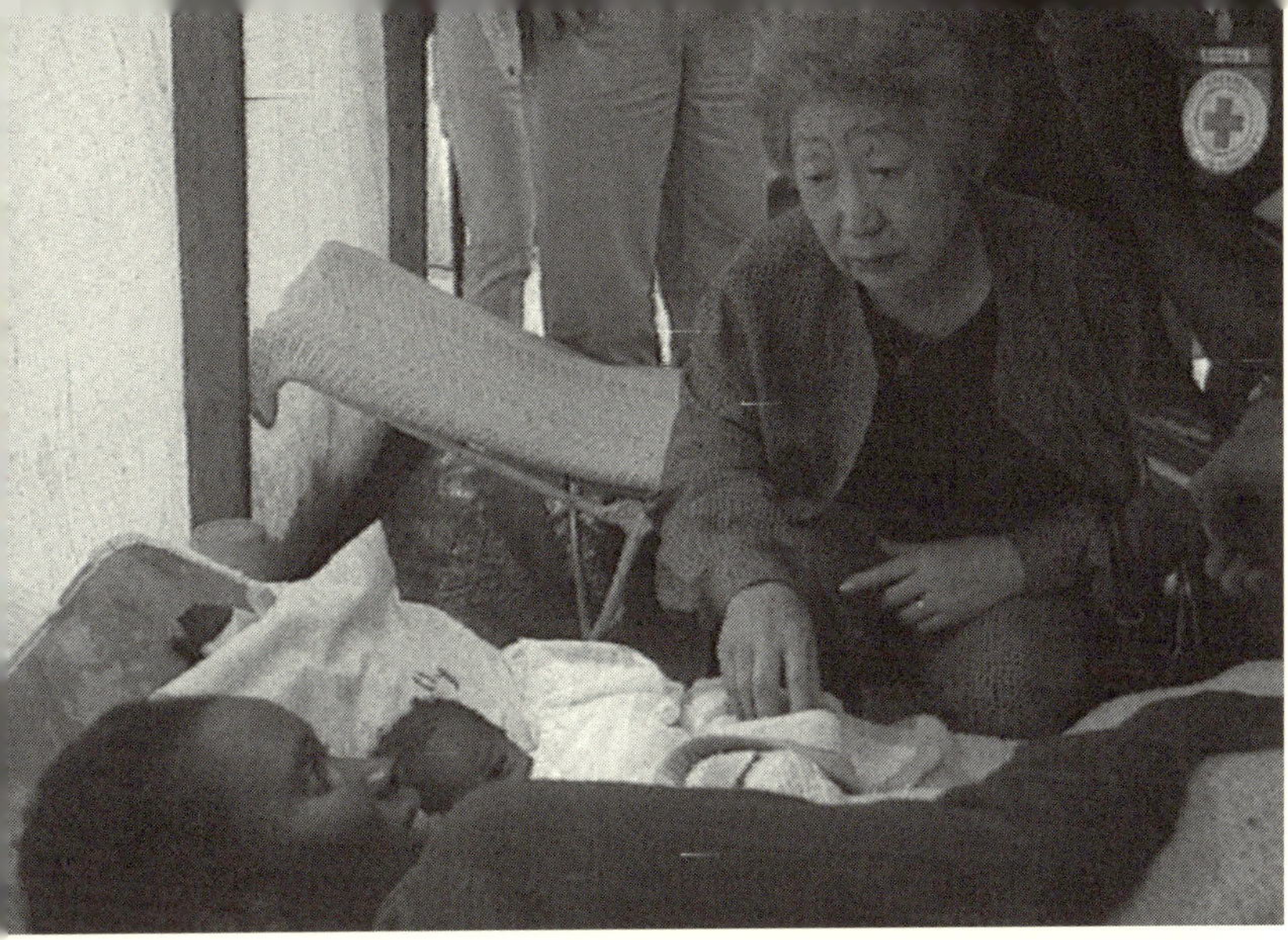
ルワンダでは、難民たちが収容される病院を訪ねた（UNHCR映像より）

うとしていましたからね」

――緒方さんの現場主義は、ＵＮＨＣＲにどんな変化をもたらしましたか

「彼女は、現地で行われているＵＮＨＣＲのプログラムや活動について非常に詳細に把握していました。これも、彼女がしばしば現地に出向くからこそ可能なことです。彼女は現地の人びとを知っていて、そこのリーダーを知っていて、そして我々の活動を詳細にわたって把握していました。これらの経験を通じて彼女は、ＵＮＨＣＲの活動、そして意思決定の多くは、ジュネーブの本部で中央集権的に行われるのではなく、現場のレベルでなされるべきだという考えに至ったのです。そのため彼女は、各地域を束ねる代表者や現場の職員たちの権限を大幅に広げ、それまで以上に責任も与えました。現場で何をすることが必要とされているのかを、それ

までのようにジュネーブの官僚機構の中で決めるのではなく、現場の人たちの判断に任せたのです。これは彼女が残した財産と言えるものだと思います」

緒方さん自身は、現場主義について、どう考えていたのだろうか。

「現場を見るということは、人間と知り合うということでしょう。木や森を見て、これで現場を見たというのではなくて、そこで生きている人たちに会うのは、とても大事なことだと思います。その場まで行って、きちんと犠牲者と会い、そして状況を判断できないとね。難民問題というのは生死に関わっているような場合が多いから、現場に行かないと分からない、ということは痛感しました。書類や報告書を見ながら判断するのは難しいのです。だから見てみないと分からないという感じは、割と強く持ちましたね。ただ、本は読まないと……。体系的に問題を理解するには、きちっと勉強しなきゃだめなのです。だから、両方ですね。現場にどういうことがあって、どういう悩みがあって、ということを知りながら、それを整理して体系化していくのが重要なのです」

――ＵＮＨＣＲの時、多くのスタッフと一緒に働いていて、現場で優れた仕事ができる人に共通の資質というのは何だとお感じになりましたか

「ある程度、感受性がある、ということは大事でしょうね。それから、思考プロセスが

UNHCR緊急事態対応チームの訓練

かなり速い、ということもあると思います」

――スピードは大事ですか

「生きている人間のためですからね。生き、より良い状況に持っていくためですから。安全で安心な状況にね」

UNHCR緊急事態対応チーム

緒方さんが重視した〝スピード〟。じつは、緒方さんが就任二か月足らずでクルドの問題が起きた時、UNHCRの初期の対応には遅れが目立っていた。これを目の当たりにした緒方さんは、UNHCRに、まさにスピードを重視した、新たな難民支援のシステムを導入した。

「UNHCR緊急事態対応チーム」。世界のどこで難民が生まれても、七十二時間以内に駆けつけることを目指す。その後のＵＮＨＣＲのあり方を変えた、もう一つの画期的なシステムである。

以来、ＵＮＨＣＲは、年に三回ほど、職員に対する実地訓練を施している。日本を含め、世界各国にあるＵＮＨＣＲ事務所の職員が参加する。普段はデスクワークをしている人にも訓練を積ませ、いざという時の戦力に育てるのだ。

今回は、スウェーデンにある広大なトレーニング施設で行われた、一週間にわたる訓練の様子を取材した。参加したのは四十人。今後九か月のうちに、緊急事態に出向くことができ、そこで二〜六か月働くことができるという条件を満たしている人の中で、各地のＵＮＨＣＲ事務所が送り込んでもよいと判断した人材が選ばれていた。

トレーニングは、最初の三日間でさまざまな知識を充実させ、その知識をもとに二日間のシミュレーションを行う。その後、シミュレーション時の体験から立てた計画を二日かけて検討し、実際に現場に出た時にも使える計画にしていく。

シミュレーションはできるだけ現実に近いものとするため、どんなスケジュールになるかは知らされない。無線や衛星電話などで「〇〇地点で〇〇な事件が起きた。出動してください」という連絡が各グループ（一グループ十人）に届き、グループのメンバーは場所の確定、出動方法も含め、対応していく。

シミュレーションでは、実際にテントで生活し、本番さながらの緊迫感を味わいながら、ケガをしている難民の応急処置や、国境警備隊との交渉など、さまざまな状況での対応方法を学んでいた。

「私の名前は、サダコオガタ」

深い思いやりを持って現場主義を貫いた緒方さんの仕事ぶりが、難民たちに受け入れられていたことを実感させるエピソードがある。

アフリカ中部の国・ルワンダ。首都キガリから北へ約六十キロの地点にあるビュンバという町には、UNHCRが運営する、ギヘンベ難民キャンプがある。ここには、隣国であるコンゴ民主共和国（旧ザイール）の内戦から逃れてきた人びとが暮らしている。

家で洗濯を手伝っていた十四歳の女の子に会った。

「私の名前は、サダコオガタです」

サダコオガタさん

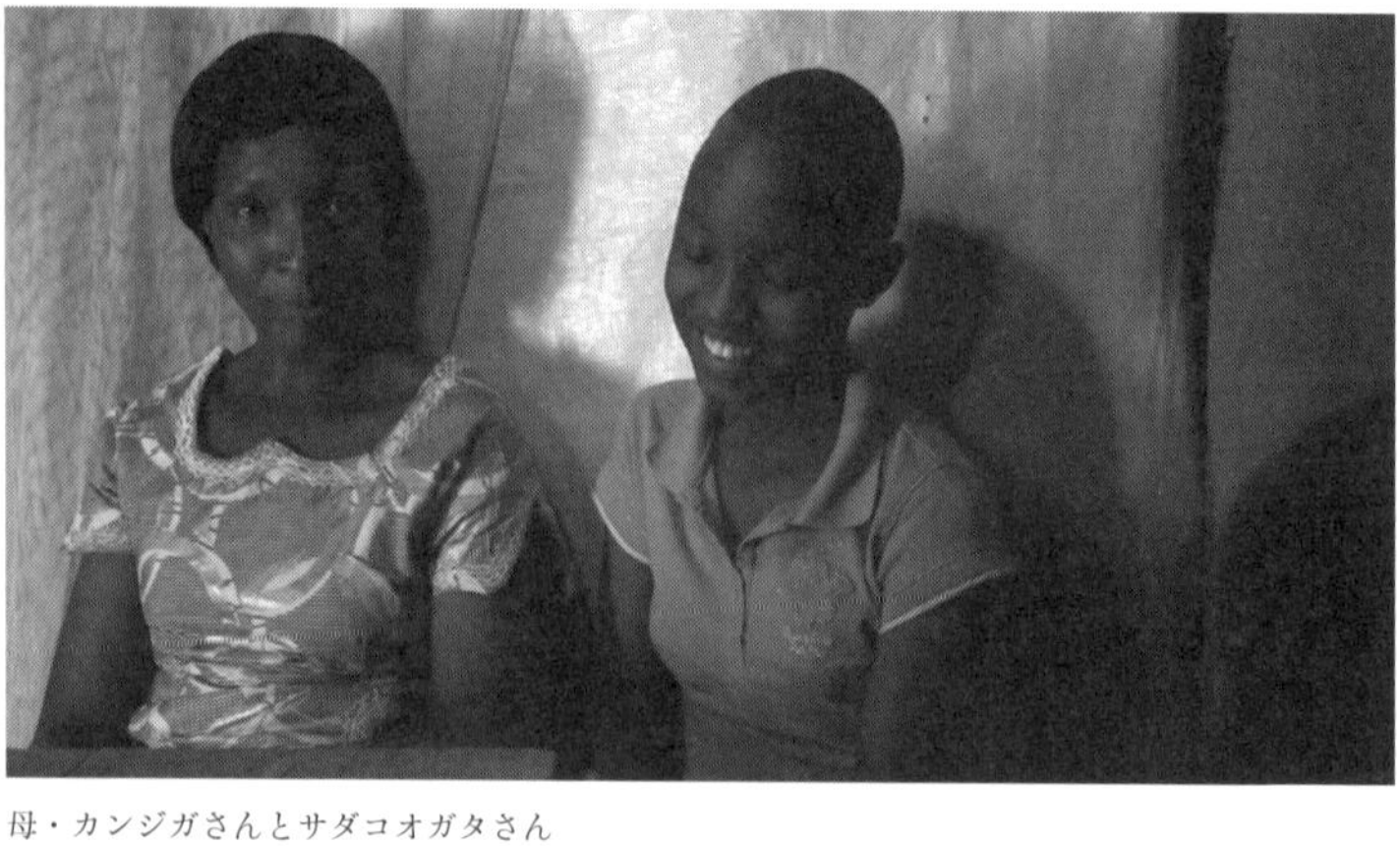

母・カンジガさんとサダコオガタさん

一体、なぜこの女の子の名前が、サダコオガタになったのか——。
コンゴ民主共和国では、一九九〇年代後半、内戦が絶えなかった。その中で、一九九七（平成九）年の末、カンジガ・ソランジさんという女性が、ＵＮＨＣＲの支援を得て、子ども二人の手を引き、命からがらルワンダに逃れてきた。お腹《なか》の中には、もう一つ、小さな命を宿していた。

女の子を無事に出産したのは、一九九八（平成十）年二月二十六日。当時のことを振り返って、カンジガさんは語る。

「一九九八年に難民キャンプの病院で娘が生まれた時のことは、今も忘れません。本当に、幸せな気持ちでした。その時、緒方さんが、こちらのキャンプに来ていたのです。それで、娘にサダコオガタという名前をいただいたのです」

二年後の二〇〇〇（平成十二）年六月、緒方さんは、この難民キャンプを再び訪れ、二歳四か月に成長したサダコオガタさんと再会した。そして、一家に牛を一頭プレゼントした。牛は、この地域において最も上等な贈り物であり、「尊敬」の意味が込められている。以前、緒方さんも、ルワンダの女性たちの更生計画を支援したお礼として、一頭の牛をもらって

緒方さんとサダコオガタさん。2000年

いる。その牛を連れて帰るわけにはいかずキャンプに残してきたのだが……、じつは、サダコオガタさんにプレゼントしたのは、その牛が産んだ子であった。

この女の子だけではなく、アフリカ各地の難民キャンプには、サダコオガタを名乗る子が何人もいると聞いた。キャンプを整備し、学校や病院を建てて難民を支援してきた緒方さんとＵＮＨＣＲの存在が、難民たちの心の中に、しっかりと刻まれている証《あかし》と言えるだろう。

忘れられない少年の言葉

緒方さんが、インタビュー中、特に感情を込めた表情で語った話があった。
現場を繰り返し訪れた緒方さんが、「だから紛争なんて起こしてはいけないのだ」と強く感じたのはその時だったという。

「一人の小さい子どもの姿が、今でも目に浮かぶのです……」

それは、コソボ紛争の対応に当たっていた時の出来事だった。旧ユーゴスラビアのセルビア共和国に属するコソボ自治州では、人口の九割を占め独立を求めるアルバニア人と、これを認めないセルビア共和国との間で、九〇年代後半から紛争が続き、激しい戦闘によって大量の難民が発生した。

「コソボは、本当にひどい紛争になったのです。小さなところだったけどね。それで、一つの村から追い出された人たちを、なるべく安全なところへ連れていく。どこが安全かをよく調査して連れていくわけです。その中で、小学生だと思うのですけど、九歳くらいの小さな男の子がちょこちょことついてきて、『ミセス・オガタ』と言うのです。『ミセス・オガタ。ウィル・ユー・テイク・ミー・ホーム?』と。『今は逃げているけど、うちに連れて帰ってくれるよね』と言われたのが、やっぱり今でも忘れられないですね。『うちへ帰りたい』『いつ帰れるか』と……。そうしたら約束せざるを得ないですものね」

――「うちへ帰りたい」という少年の言葉には、何と答えたのですか

「『シュア（もちろん）』と言ったと思います、『オフ・コース、アイ・ウィル（ちゃんと連れて帰るわ）』と言ったと思いますよ。忘れられない、今でも……。急にこの間、思い出したのですよ。かわいいボーイだったもの、もうきっと、大きい大人になったでしょうけどね……。それだけの信頼を、私たちが受けているのだと思いましたよ。それはそうでしょう。だから、私たちは本当に頑張らなければいけないと思ったのです。みんな、自分の家を捨ててどこかへ行くのは嫌なんです。いちばん嫌なことでしょう。家を捨ててどこかに避難に行くということはね。『だから早く、避難しなければならない対立、紛争というものを終えてください』と。たいへん大きな願いをされているわけですよ」

国連安保理へのメッセージ

緒方さんが現場に繰り返し足を運び、難民一人ひとりと接する中で思いを強くしていっ

安保理でのスピーチ。1992年（United Nations Television/DPI/Video Library）

たのは、「戦争・紛争そのものを終わらせない限り、根本的な問題は解決しない」ということだった。

しかしUNHCRは、もともと難民救済のための機関であり、戦争や紛争の政治的な解決は、国連の安全保障理事会に委ねられる。

そうした中で、緒方さんは、たびたび安保理に対する働きかけを行った。緒方さんの前任者たちが、安保理に参加しスピーチを行ったなどということは皆無であり、これは、国連創設以来、初めての画期的な出来事だった。

最初にスピーチを行ったのは、一九九二（平成四）年十一月十三日。当時は、旧ユーゴスラビア紛争が深刻化していた。六つの共和国で構成されていた旧ユーゴスラビアでは、冷戦終結後、分離独立の動きが相次いだ。その中で、共に暮らしてきた民族同士が、互いの民族性の違いを理由に殺戮《さつりく》や追放を始めたのだ。この事態は、〝民族浄化〟というキーワードとともに世界を震撼《しんかん》させた。しかし安保理は、大国の思惑が異なる中で軍事介入を見送る。一方で国連は、UNHCRにユーゴスラビア市民への人道支援を要請した。

以来、緒方さんたちは、銃弾飛び交う戦場での初めての難民支援を続けていたのである。

ユーゴスラビアの過酷な現実を安保理で直接訴えようとした緒方さん。次のような内容のメッセージを発した。

「民族浄化が今も続いています。人びとは、毎日のように地雷原や前線を横切って逃げているのです。身の安全を必死に求めています。私は、民族浄化という忌まわしい行為を、国際社会全体とともに非難します。そして私は、皆さんに強調しておきたいと思います。皆さんには、人びとが安全に自分の家にとどまる権利を、尊重する義務があるのです。幻想を抱いてはなりません。UNHCRだけでは、多くの人びとにもたらされる苦しみや死を防げないのです」

この時、緒方さんの訴えにも、安保理理事国の意見は一致せず、紛争解決に乗り出すことはなかった。しかし緒方さんは、その後も世界の紛争に直面しながら、たびたび、粘り強く、安保理に問題解決を迫った。その中の印象的な発言を、以下に記しておく。

「我々は長期化している緊張状況に対応する体制をとらなければなりませんが、我々はまた、将来に備え、避難民や家を追われた人びとが故郷に帰ることができる状況に備えなければなりません。その地域における平和と安全の確立が基本ですが、避難民や強制移住者の帰還なしには、永続的な安定を達成するのは困難でしょう。私は、安全保障理事会に、帰還の権利を再確認していただきたい。祖国に戻れるだけでなく、彼らが自分の家に戻れるようになることを望みます」（一九九三年三月十一日）

「良かれ悪《あ》しかれ、人道支援、政治、安全保障の問題およびその解決策は、互いに深く関連し合っています。それゆえ、国際的な危機管理には、よりいっそう協調して取り組む必要があると考えています。一定の原則に基づいた枠組みでの人道支援活動は、単なる国際的な慈善活動にとどまらず、和平への取り組みを支援することさえもできるのです。つまり、人道支援活動は、政治や、時として軍事活動に依拠するということです。人最近私が、迅速な国連軍派遣を可能にする枠組みを提案した理由はそこにあります。人道支援活動の従事者が未解決の政治的問題を背負わされたり、安全性が確保されない状

況に取り残されるようなことがあってはなりません」（一九九七年四月二十八日）

「私は、人道の危機に対して政治的な支援を求めることを止めませんでした。私は数えきれないほど、何度も繰り返し、人道支援活動は、政治問題を解決をするのではなく、ただ明るみにできるものに過ぎないのだと申してきました。そして人道支援と政治機構との関係においても多くの考えを述べてきました。世界中の最も弱く貧しい人びとの緊迫した劇的な関心事と、各国の合理的な懸案事項のギャップを埋めることが、私のUNHCRでの十年の重要なテーマでした」（二〇〇〇年十一月十日）

第九章　「人間の安全保障」を求めて

―二十一世紀ＪＩＣＡでの活躍―

ＪＩＣＡでの新たな挑戦

緒方さんは、二〇〇〇（平成十二）年十二月で、三期十年にわたった国連難民高等弁務官の職を退いた。当時七十三歳。しかし、まだまだ引退ではなかった。

二〇〇一（平成十三）年十一月、日本政府の依頼で、アフガニスタン支援総理特別代表に就任。緒方さんにとって、アフガニスタンの支援はＵＮＨＣＲ時代にやり残した仕事、という思いがあった。もちろん、現地にも足を運んだ。

その後、外務大臣就任の依頼もあったが辞退し、二〇〇三（平成十五）年、独立行政法人となった国際協力機構（ＪＩＣＡ）の理事長に就任した。

ＪＩＣＡは、国際協力事業団を前身とする、外務省所管の独立行政法人。ＯＤＡ（政府開発援助）を包括的に行う機関であり、開発途上地域を対象に、経済や社会の安定と発展に向けて活動している。ＯＤＡ事業の計画策定、資金協力、専門家や青年海外協力隊をはじめ国際協力の現場で活動する人材の派遣などを行っている。

――人道援助を担う国連機関の長を務められた緒方さんが、ＪＩＣＡという開発援助機

関の理事長を引き受けようと思われたのはどうしてですか

「ニューヨークのフォード財団の招きを受け、同財団の研究員としてＵＮＨＣＲでの仕事についてまとめる本を書いていた時に、ＪＩＣＡの労働組合の代表の方が、『今度、ＪＩＣＡが独立行政法人になるので、その長に来てくれ』と言いにいらしたのですよ。アンケートをしたら私がトップになることを希望する人が群を抜いて多かった、というのが理

JICA理事長に就任。2003年（写真提供：JICA）

由だと言うのです。びっくりしたのですよね。ＪＩＣＡについて知っていたのは、青年海外協力隊ぐらいでしたから。それに組合の人が来るなんて、普通考えられないでしょう？『変わった組織だな』と思ったわけですよね」

――それはそうですね

「その方が言うには、組合員の間で、『開発援助の既成概念にとらわれず、より大きな視点で国際協力を強化できる人に来てほしい』という声が強かった、ということでした。アメリカ同時多発テロもありましたから、平和構築・復興支援を強化したい、という思いもあったようです。返事はすぐにはしなかったのです。『ちょっと考えます』とか言って。でも、外務省の方も含めていろいろな方にもお話を聞いて、『私に何か役に立つことがあるのだったら、やろうか』と思ったのです」

それまでＪＩＣＡの歴代トップは外務省出身者が務めていた。ＪＩＣＡが特殊法人から独立行政法人になる大切な転換期。当時の川口順子《かわぐちよりこ》外務大臣から正式な依頼があり、緒方さんは就任を決心する。

そして緒方さんは、新天地ＪＩＣＡでも、前例にとらわれない改革を次々と行っていく。まず徹底したのがＵＮＨＣＲ時代にも貫いてきた、現場主義である。

「ＪＩＣＡの仕事でも、行ってみて見てみないと本当に分からないじゃないですか。長い紙が来て、それだけを見て、何が本当に必要なのか、誰と調整すべきなのか判断することはできないのですよ。協力の対象になる人びとは、みんな日本の役所の机の上とは全く違う状況で動いているのですから。相手の状況が分からないと、話もできませんよね」

現地の目線で課題を見極め迅速に協力を進めるため、職員を国内から海外に大幅にシフトし、現地事務所の体制を強化、権限を委譲した。また、現場感覚を植え付けるため、新人職員も一年目から海外の現場で研修を受けるシステムにした。

そして、全てにおいてスピードを重視し、平和構築支援や大規模災害時の復興支援においては手続きを簡素化できる制度を導入、職員の安全管理能力を強化した。

こうした改革は、アフガニスタンや南スーダンなどにおける平和構築支援や、スマトラ沖・インド洋津波災害（二〇〇四年）、中国・四川大地震（二〇〇八年）など大規模災害時の復興支援における迅速な対応につながった。

さらに、紛争が集中的に発生し、貧困層の割合が最も多いアフリカへの協力を強化するため、本部に「アフリカ部」を設置し、アフリカの在外拠点を拡充するとともに、緒方さんの就任当初と比べ、対アフリカ向け協力を倍以上に増やした。

このような組織・業務の改革を進める一方、緒方さんは職員に対して、「世界の中にある日本」と、「世界の安定と繁栄が日本の安定と繁栄にもつながること」を意識するよう求めたという。

クルド人自治区での再会

もちろん、緒方さん自身も現場主義を貫き、積極的に現場に足を運んだ。理事長を退任する直前の二〇一二（平成二十四）年三月に、「アラブの春」で揺れる中東諸国の状況を自分の目で確かめようと訪れたエジプトやチュニジアを含め、理事長在任期間の八年半で訪ねた国は四十三か国に上った。

そんな中で、国連難民高等弁務官としてギリギリの局面を共に切り抜けた要人との再会も果たしていた。その一例が二〇〇九（平成二十一）年に訪問したイラクのクルド人自治区。クルドといえば、緒方さんが、一九九一（平成三）年に国連難民高等弁務官に就任して二か月足らずで難民の流出問題に直面、その時、「国境を越えていない人たちであっても、国内避難民として救援を行う」という画期的な決断を下した、あのクルドである。

「お会いしたのですよ。イラクに行って、クルド人自治区の大統領に。今、クルドの地域は非常に落ち着いてきているのです。そこでＪＩＣＡが仕事をしていましてね。クルドがどうなったのか見たいということもあって訪ねたのです。道路もきちんとできていて、『こんなに立派になったのか』と驚きました。ハイウェイに電信柱が立っていて、その上の部分にガラスのようなものが見えるのです。『何だろうね？』と思ったら、太陽光の街路灯だったのですよ。びっくりしました、立派になっていて……。それで、その長である大統領が迎えてくれて、彼、立派なお城のようなところに住んでいましたけれども。『あれは十八年前でした……』とおっしゃったのです。『本当に世話になりました』と話してくださいました。非常に感動的でした。思い出しましてね、いろいろなことを――」

面会の前は、時間が限られている、と言われていた。そのため、面会の途中で緒方さんが遠慮し、「そろそろ……」と言ったところ、大統領は、「もう一杯コーヒーを飲んでいってください」と引き留め、再度、「あなたのおかげです」と語ったという。

人間の安全保障

緒方さんが国連難民高等弁務官として難民支援に当たる中で着目し、その後一貫して追

イラクのクルド人自治区大統領と（写真提供：JICA）

求してきた、新しい政策的概念がある。「人間の安全保障」だ。

「人間の安全保障は、人びと一人ひとりに焦点を当て、その安全を最優先するとともに、人びと自らが安全と発展を推進することを重視する考え方です。安全保障とは、従来、国家がすべきものということを前提に考えられてきたのですが、もはや国家を超えて、『人びと』というものを、保護の対象にしていくことを考えないといけないのです。国家に頼っていれば全てが良くなる時代ではありませんから」

緒方さんが語る「人間の安全保障」という考え方をもう少し具体的に説明すると、次のようになる。

例えばある国で、少数派の民族が、国家権力を握る多数派民族によって攻撃される内戦が起きたとする。この場合、少数派の民族の安全を、その国は守ってくれないだろう。このような国家という枠組みだけでは人びとを救えない状況、あるいは国が崩壊した時に、その国で暮らす人びとの生命と生活をどう守り、人をどう生き延びさせるのか——。人間の安全保障は、人びとに焦点を当てた「エンパワーメント(能力向上)」と「プロテクション(保護)」の両面からのアプローチにより、人びとの生命と生活を守ろうという考え方である。

この安全保障の新しい考え方は、まさに、緒方さんのＵＮＨＣＲにおける経験に基づいたものであった。

「私が難民高等弁務官だった時代は、グローバルな体制変化の時代だったのです。例えば、巨大な連邦国家の崩壊というものが始まりました。ソビエト連邦の中のいろんな地域が独立を求めていく。それからユーゴスラビア連邦。そういう連邦国家の中で、自立と安定を求める人たちが独立を求め始めたのです。なぜかと言うと、ユーゴスラビアにしてもソ連邦にしても、非常に大きな連邦国家になって、人びとの意図というものを十分に組み入れた形の政治が、なかなか難しくなっていましたから。一方で、コミュニケーションの手段が発達しますと、『あそこは、もっといい生活をしている』とか、『あそこは、もっと安定している』というような、自らの状況と比較できる情報が非常に広まっていきますから、『自分たちも、もう少し優位な状況の中にいたい』という人たちが集まって動き出すのです」

緒方さんは続ける。

「ですから、そういう時代にあって、『一体、どうやったら国の安定と人びとの安定という両方を実現させられるのだろうか』という疑問を持つわけです。それは、不安定な状況の中にいる難民を保護して安定に向かわせる仕事であったUNHCRの大きな課題になっていったのです。もう一つ、アフリカにおきましても、かつては西洋諸国の植民地支配下にあったのが、次第に独立国になっていきました。そうすると、どういう形で旧宗主国との関係を築き、さらに独立した国で誰が支配者になっていくかが課題となるわけです。そして、各国にいろいろな部族がいましたから、指導者として権力を目指す国内紛争が、非常に増えたのです。つまり変化した国家形態と、そこで暮らしている人びとの自主性が衝突した時代にあって、UNHCRが、どうすれば少しでも人びとの安全と繁栄を考える形で事業を進められるかと模索していたのが、『人間の安全保障』を推進するようになった背景なのです。所属がはっきりしないとか、かつて所属していた国家の形態が変わってい

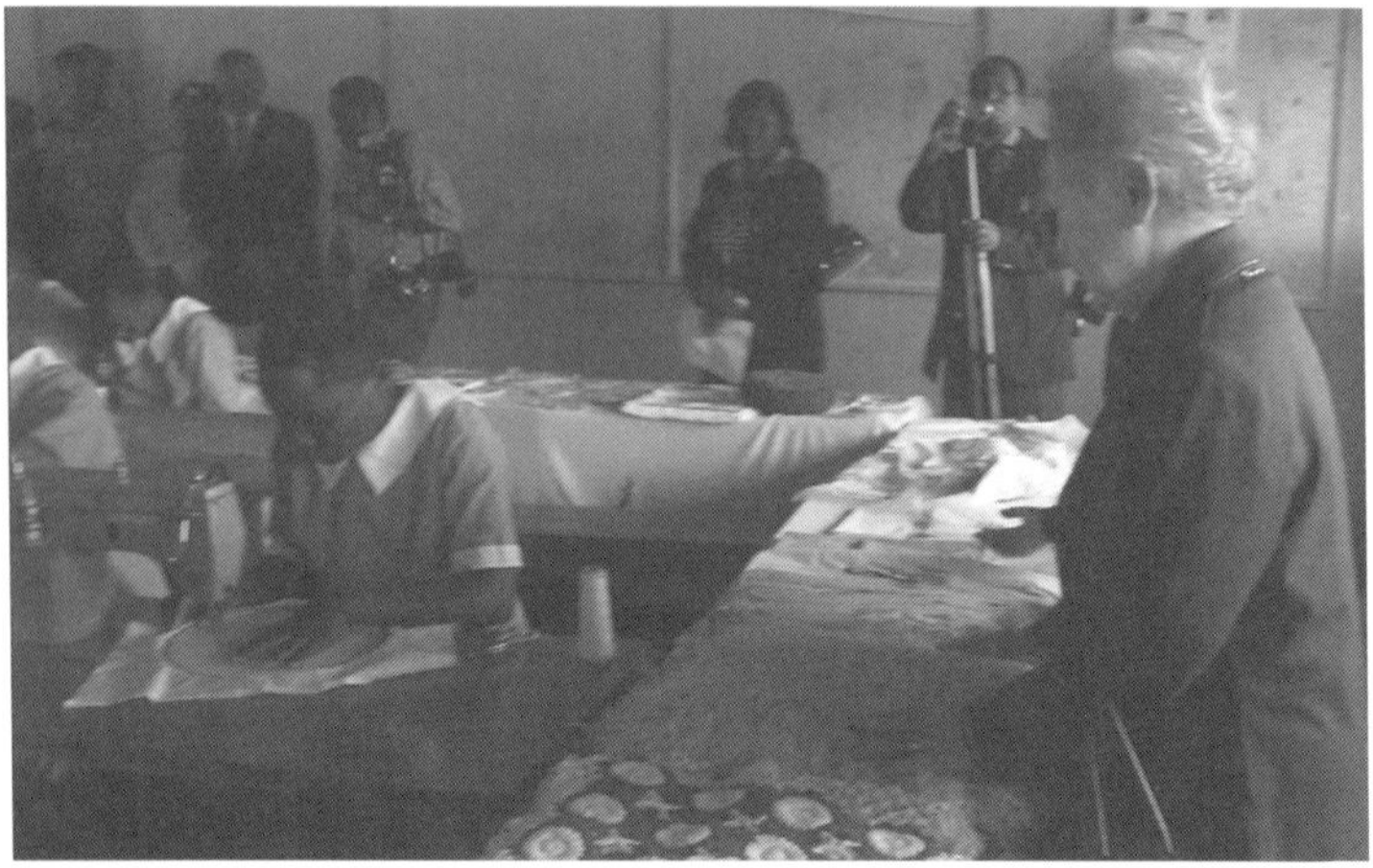
ケニアを訪問した際の緒方さん。2004年

セネガルの給水事業を視察。2004年（写真提供：JICA）

くとか、非常に大きな変化の中で、それぞれの人びとをどう守っていくかという問題が、私どもの仕事になったのです」

そして「人間の安全保障」についてこのように締めくくる。

「大事なのは……、〝人びと〟です。〝人間〟です。人びとというものを中心に据えて、安全においても繁栄についても、考えていかなきゃならないということは痛感しましたね。国連の場合は国家間機関ゆえに、国と国との話し合いというものが安保理の中にはあったのですが、それだけでものが解決するのではなくて、その国の中に、あるいは裏に、人びとがいるということを考えないとだめなのです。人びとというものを頭に置かないで、威張って国を運営できる時代ではないのですよ」

緒方さんは、二〇〇一（平成十三）年に日本政府の主導で国連に設置された、人間の安全保障委員会共同議長を、インドの経済学者でノーベル賞を受賞した、アマルティア・セン教授とともに務め、人びとの生命、生活、尊厳を脅かしている要因と国際社会が取るべき対応について、「安全保障の今日的課題」という報告書にまとめ、コフィ・アナン国連事務総長（当時）に提出した。その後も、国連の人間の安全保障諮問委員会議長を務め、人間の安全保障の概念とその実践に関する討議をリードしていく。

さらにＪＩＣＡでも、人間の安全保障を組織の使命の一つと位置付けた。協力活動の中にも、この考え方を取り入れ、定着を図ったのだ。学校を運営して人を育てること、もの作りの技術を広めるという地道な活動。そうした暮らしの基盤を整備することも、紛争を予防し、平和を定着させることにつながるのである。

国連本部でのスピーチ

二〇一三（平成二十五）年五月、アメリカ・ニューヨークの国連本部で、人間の安全保障に関する特別イベントが開かれた。前年の二〇一二（平成二十四）年九月に国連総会で、人間の安全保障の共通理解に関する決議が採択されたことを受け、前述の報告書「安全保障の今日的課題」提出から十年を記念したイベントが開催されたのだ。

ここに緒方さんも招かれ、パン・ギムン国連事務総長の挨拶に続いてスピーチを行った。八十五歳の緒方さんが渾身《こんしん》の力を込めて語りかけたスピーチ。本書では、あえて全文を掲載したいと思う。

パン・ギムン国際連合事務総長、ご列席の皆様、国連の人間の安全保障についてのハイレベル・イベントで、このような発表の場をいただけたことをたいへん喜ばしく思います。まずはこのイベントを主催してくださった国連事務総長、人間の安全保障諮問委員会議長、および国連人道問題調整事務所の人間の安全保障ユニットに心からの感謝を表明します。

二〇一二年九月に、人間の安全保障に関する国連総会決議が採択されたことは、極めて画期的な出来事でした。一九九〇年代に、多様な不安定な状況に苦しむ人びとに対して保護を提供することを可能にする概念を必要としていた私にとって、またそれ以降ずっと人間の安全保障という概念の発展と普及に寄与してきた者にとって、この決議の採択は、まことに胸躍る出来事でした。

ご列席の皆様、この機会に、人間の安全保障という概念が誕生するに至った経緯について、私自身の経験からお話ししたいと思います。

＊　＊　＊

私が、国連難民高等弁務官を務めるようになった、冷戦が終結してからの十年間に、紛争はもっぱら国家間紛争から地域・国内紛争へと性質を変えました。不安定の要因は、

国連本部で行われた特別イベントでのスピーチ

おもに相争われる権利や資源をめぐる民族的、宗教的、ならびに政治的なグループ同士の国家内部の争いへと変わっていきました。私は、故郷を追われた何百万という人びとの保護と再定住への対処という事業上の難題に日々直面することになりました。多くの人びとが国境を越え、国際的な保護を受ける資格を有する難民となった一方で、それ以上に多くの人びとが〔国境を越えられず〕国内で難民状態となり、いずれの国家による保護も受けられない状況に陥りました。

　国連難民高等弁務官としての責任を果たす中で、次第に大きくなるこの課題や問題にいかに対処すべきかについて、繰り返し考えるようになりました。そして、犠牲者、自国内で苦しむ全ての被害者たちに、より直接的に焦点を当てて取り組むようになりました。もっと直接的にそれぞれの人びとに焦点を合わせることで、そうした人たちを保護する方法を見つけ、彼らが何を必要としているのかを特定して、こうした人びとの安全を脅かす社会的ならびに経済的、政治的な要因を明らかにできることが分かってきました。

このようにして、私は、世界中に広がる安全保障上の問題に対処するための効果的なエントリーポイントとして、人間の安全保障という概念にますます強く関心を持つようになっていきました。

国際的にも、この概念は次第に注目を浴びるようになりました。一九九七年から一九九八年のアジア通貨危機によって、とりわけ社会的な弱者とされる人びとが最も深刻な打撃を受けているのを目の当たりにして、時の故小渕恵三《おぶちけいぞう》総理大臣は、人間の安全保障の推進に取り組む決意を表明しました。これはやがて、日本政府による二つの重要なイニシアチブへと発展しました。その一つは、国連人間の安全保障基金を設立することであり、もう一方は、国連事務総長の協力のもとで、人間の安全保障委員会を設置することでした。私は、尊敬すべき経済学者であり、ノーベル賞受賞者でもあるアマルティア・セン教授とともに、人間の安全保障委員会において共同議長を務める光栄に恵まれました。

二年間にわたる研究、現地調査、公聴会を経て、人間の安全保障委員会は二〇〇三年に、「安全保障の今日的課題」と題される報告書を発表しました。この報告書は、人間の安全保障に対する重大な脅威に対処するための革新的な行動枠組みを提示しています。

ご列席の皆様、人間の安全保障という概念は、今や、人びとの保護と能力強化のための強力なツールへと発展した、と言ってよいと思います。

この概念を適用することで、人びとの生存、生活、尊厳こそが、平和や発展、人類の進歩を達成するための土台となることを、国際社会も認識するようになりました。人間の安全保障という概念によって、人びとが直面する不安定の要因が互いに複雑に絡み合っていること、そして、それらの不安定の要因全てに対処するために広範囲のセクターにまたがって取り組むことが重要であることが認識可能になるのです。

さらに言えば、地域での自分たちの生活と地域社会をより安定させるのに積極的な役割を果たせるよう、社会的に弱い立場にある人びとの能力開発を行うことが、開発、人道両面の取り組みにおける中心課題として広く認められるようになりました。

人間の安全保障という概念を具体的な活動へ転換するために、国連の諸機関は、人間の安全保障基金の財政的支援を得て、八十五か国において約二百件の事業を実施してきました。この経験を通して、戦争で荒廃した地域社会の立て直しや、突然の景気悪化や自然災害にさらされた弱い立場の人びとの回復力の強化、また都市部で見られる暴力への対処などに関して、多くの貴重な教訓を学びました。国連事務総長が開会の挨拶で述べられたように、すでにかなり多くの良い実践例が存在します。

ほかの国際的支援組織も、人間の安全保障という概念を、自分たちの事業にますます適用するようになってきました。例えば、二〇一二年の三月まで八年半にわたって私が理事長を務めた国際協力機構（JICA）では、人間の安全保障を政策の柱として採用し、この概念を適用する経験を積んでいます。

さらには、学界が、人間の安全保障の構造的な文脈を探究するのに強い関心を持ち始めたことも嬉《うれ》しく思います。日本国際政治学会も、この秋には、人間の安全保障に関して会合を開催する予定です。

ご列席の皆様、この概念が誕生して以来、国際社会は、人間の安全保障の実現に向けて、著しい進歩を遂げました。弱い立場の人びとを保護し、また能力を強化するために、人道分野、開発分野のさまざまな主体による継ぎ目のない介入が、より多く見られるようになりました。しかしながら、世界のあまりに多くの地域で、いまだに人びとが、その生存や生活、尊厳に対する脅威に翻弄されていることも否定できません。

それと同時に、交通や通信技術の進歩は、人びとに強い願望を抱かせ、人や金融資本の動きを加速させるようになり、人びとの暮らしに対して増大するリスクや脅威を、いっそう複雑なものにしています。

このような状況を背景に、人間の安全保障に関する国連総会決議の採択は、多大な影響を与えるものです。我々は、具体的な行動を通して問題に対処して解決策を提供するための、強力な実用的ツールを手に入れたのです。こうした課題や取るべき行動は膨大にあります。抽象的な議論に代わって、国連は、人間の安全保障諮問委員会が、これらの課題に対処するために具体的な手段を実行に移せるようにしました。

第一に、国連人間の安全保障基金による介入により、行動を起こすための具体的なエントリーポイントが生まれます。基金の支援を受けた事業には明らかに効果があり、保護に関するニーズを特定したり、これに対処したりするための、新しく、より総体的なやり方が存在することをはっきり示しています。

とはいえ、不安定の根本原因の特定と対処には、より長期間のモニタリングや革新的な考え方、協力的かつ継続的な努力が必要です。この必要性を満たすためには、人間の安全保障基金の活動に、加盟各国がいっそう関与を深めること、そして、人間の安全保障ユニットの実務能力ならびに分析能力を拡大することが必要であることを強調したいと思います。

第二に、昨年の九月に採択された国連総会決議によって、今や、人間の安全保障について共通の理解が確立されたからには、国連諸機関やほかの開発機関および人道機関は、この考え方や得られた教訓を自分たちの活動にもっとうまく組み込むべきです。

人間の安全保障基金のそれぞれの事業の限られた規模を考えると、これはとりわけ重要です。また強調したいのは、より大きな効果を得られるように、世界中の多くの人道分野、開発分野のリソースを調整して真に活性化させるために、人間の安全保障を、ポスト二〇一五年開発アジェンダの包括的な指針とすべきだということです。

最後になりましたが、変わらず重要なこととして、取り組む必要のある極めて大切な課題が一つあります。それは、苦しんでいる人びとに関心を寄せ、行動を取るという各国政府や首脳の政治的意思をどのようにして維持できるか、ということです。私は以下の質問を問いかけて、発言を締めくくりたいと思います。

生活や尊厳が危機にさらされている人びとに対して、私たちは十分な思いやりを示しているでしょうか。もしそうだとして、このような思いやりを国際社会における政治的かつ慈善的な行動に転換するには、どうすればよいのでしょうか。

ありがとうございました。

＊　＊　＊

緒方さんは、パン・ギムン国連事務総長と並んで、さまざまな国連機関の長、各国の国連常駐代表を含む五〇〇人を超える出席者の前で、このスピーチを行った。

国際社会が急激な変化を続ける中で、どうすれば安全が保障されない人びとをなくすことができるのか……。そのための国際社会の努力を、どうすれば支援が必要な人びとにより良く向けることができるのか……。「人間の安全保障」という政策的な概念にこそ、その答えがある――。緒方さんのスピーチはそれを雄弁に語っていた。

そしてスピーチの終わりで、会場を埋め尽くした出席者に向かって発した〝問いかけ〟に、私は、緒方さんに貫かれた強い信念、深い思いやりを、改めて感じ取った。

エピローグ

日本人へのメッセージ

緒方さんは、今の日本の状況、世界の状況について、何を感じ、どんなことを考えているのだろうか。まず尋ねたのは、日本とアジアの周辺国の間で続いている緊張関係についてである。

——日中も日韓も、緊張関係にありますが、緒方さんはどう見ていらっしゃいますか

「不思議ですね。だって中国と日本の関係というのは、ものすごくいろいろな難しいところを乗り越えてきたのですけどね。それなのに、『乗り越えることが良い』というような考え方よりも、対立をした頃のことを懐かしむような言葉を多く使われるのが、非常に嘆かわしいと私は思います。日中関係というのは、本当にいろいろな時代があって、悪かった時もあれば、猛烈に努力をし合った時代もありましてね。時には衝突もしましたけどね。でも、今ほど相互依存をしている時代はないのですから、もう少しその辺を頭に残して話をしてほしいなと思いますね。中国という国は、非常に日本に近いところの国。歴史的に

も何千年と存在してきた国。相互の影響力には計り知れないほど深いものがあると思いますよ、広く深いものが」

――緒方さんがそう感じられるのは、中国との和平に努力してこられた曾祖父の犬養毅さん、祖父の芳澤謙吉さん、父の中村豊一さんの影響もありますか

「割と偶然ですけどね。それぞれの人生の大事な部分をそういう方面に、ずいぶんと尽くしてきたとは思います。危険な時もずいぶんあったわけですけれども。互いに理解しながら、しっかりと辛抱強く話し合っていこうというのが、もしかしたら、一貫していたことかもしれません。そのように努力し合う人たちがいても、そんなに簡単に成果が出ないということは、私も勉強しましたけどね。でも、戦争みたいなことはもうやってはならないと思っています。戦争してお互いを傷つけ合うところから始めるのではなくて、いろいろな工夫をしながら、交渉とか協力とか、また気持ちを切り替えて違った方向を探るとかすべきですよね。今は情報が瞬時に行き交う時代ですから、余計そういう意識は強く持たなければいけないのではないのでしょうか。内向きになんかなれる時代ではないのです。情報がみんなに広がって、国際的に交流し合って、お互いに話し合って進めていくという時代に、いっそうなってきたのですよ」

日本は、一九四五（昭和二十）年の太平洋戦争での敗戦以来、武力による戦争は直接経験

してはいない。しかし世界では、中東など各地で内戦などが頻発している。こうした状況の中で、私たちは何を考えていくべきなのか。緒方さんのこのインタビューを、本書の最後のメッセージとしたい。

「紛争がなくなった時代というのはないでしょう。〃共存〃ということを、もっときちんと考えなければいけないだろうと思うのです。平和というものを考える時には、〃人びとの間の共存〃というものを、その価値を、きちんと把握しておく必要があるのではないですか。やはり常に自分たちだけじゃなくて、世界にいる多くの人びとのことを、自分と合わせて見ていかなくてはいけないのではないでしょうか。だって人間なんだもの、みんなね。人間としての価値というものをお互いに認め合わなければいけない。相互依存だということを、自分たちの生活の中にも見ていかなければならないと思います。世界というものは、なんやかんや言いながらも、交流もあり、影響もあり、そういう時代に入ってきている。やっぱり人間同士の強い思いやりは、基本的に持っているべきだと思います。交流の時代にふさわしい関心とか人道的な考え方とかというのも、一緒に育っていってほしいですね。『持ちつ持たれつ』というのは日本の言葉でしょう、あれ。持ちつ持たれつでいかないとね」

あとがき

これが、〝オーラ〟というものか……。約一年にわたった取材で、私は、小柄な緒方さんが強烈に発する〝凛とした存在感〟に、圧倒させられ続けた。上品で穏やかな笑顔、柔らかな物腰……、にもかかわらずである。正直、これほど緊張しながら緒方さんと向き合うことになるとは、企画段階では全く想像していなかった。

しかし、これこそが、国連機関のリーダーに抜擢《ばってき》され、次々と難民支援の歴史を変える決断を下し、世界の尊敬を集めることになった、〝理屈では説明の難しい〟要因なのだろうと実感した。

それにしても、緒方さんは、忙しい方だった。番組を企画したきっかけとして、緒方さんの国際協力機構（ＪＩＣＡ）理事長退任というのもタイミングであったとプロローグで書いたが、じつは、緒方さんの日常は、理事長退任後も、スケジュールがびっしり。私の予想は見事に裏切られた。それは、まさに肩書や役職にとらわれず、人間・緒方貞子に意見を求め、発言を求める国内外の人びとが、いかに多いかを物語っていた。

二〇一二（平成二十四）年九月二十一日（日本時間二十二日）、アメリカ・ニューヨークで行われたグローバル・シチズン賞授賞式では、緒方さんは、次のように熱く語った。

「今日、難民の数は再び増加しています。残念ながらこれは現実です。貧困と強制移住はまだ拡大しています。人間の安全保障を促すことで、少なくともこの傾向を覆すことができるかもしれません」

その一週間後の二十九日には、緒方さんは、東京で行われた「第七回ＵＮＨＣＲ難民映画祭」に招かれ、若者たちに次のようなメッセージを贈っていた。

「いちばん本質的なのは、心の問題です。傷ついた人たちが、どうやって治っていくのか……。難民も人間なのです。そして、人間としては幸福を求めることが大事で、そのお手伝いをするのです」

緒方貞子さん。そんなお忙しい中でも、たいへん真摯にインタビューに答えてくださり、本当にありがとうございました。

今回の取材では、国際協力機構（ＪＩＣＡ）に多大なご協力をいただいた。特に、緒方さんの信頼が厚い黒川恒男さん（現在は駐モロッコ日本大使）、秘書役を務めてきた福田茂樹さん、上町透さんには、たびたび相談に乗っていただき、とても有益なアドバイスをいただいた。またUNHCR駐日事務所にも格別の配慮をいただき、中でも広報官の守屋由紀さんには、シリアなどで緊迫した状況が続く中、UNHCR本部や難民キャンプとの連絡、あるいは資料映像の調達などに、最大限の協力をしていただいた。

皆様に、この場を借りて、心よりお礼を申し上げたい。

最後に、この出版において著者は私の個人名となったが、約一年にわたってともに緒方さんと向き合ったカメラマンの岡野崇さんや、執筆の際もサポート役を担ってくれたリサーチャーの藤岡ひかりさんをはじめ、多くのスタッフがいて結実した仕事であることを改めて記しておく。そして、取材成果を一冊の本にまとめるためにご尽力をいただいたNHK出版の大塚幸雄さん、神林尚秀さん、井上雄介さんに、感謝を申し上げる。

小山靖史

［参考文献・資料］

緒方貞子『満州事変――政策の形成過程』 岩波現代文庫 二〇一一年
緒方貞子『国連からの視点―「国際社会と日本」を考える』 朝日イブニングニュース社 一九八〇年
緒方貞子『難民つくらぬ世界へ』 岩波ブックレット 一九九六年
緒方貞子『私の仕事』 草思社 二〇〇二年
緒方貞子『紛争と難民 緒方貞子の回想』 集英社 二〇〇四年
緒方貞子、アンセルモ・マタイス編『世界の難民』 明石書店 一九八四年

日本経済新聞社 編『私の履歴書〈第5集〉』 日本経済新聞社 一九五八年
聖心女子学院『聖心女子学院創立五十年史』 聖心女子学院 一九五八年
聖心女子大学同窓会 編『マザー・ブリット追悼録』 一九六九年
聖心女子学院『聖心女子学院70年のあゆみ』 聖心女子学院 一九七八年
芳澤謙吉『外交六十年』 中公文庫 一九九〇年
戸部良一『ピース・フィーラー――支那事変和平工作の群像』 論創社 一九九一年
雑誌『宮代〈39号〉』 宮代会 一九九二年
聖心女子学院『私たちをつなぐもの 聖心女子学院のあゆみ』 聖心女子学院 一九九四年
上坂冬子『時代に挑戦した女たち』 文春文庫 一九九七年

人間の安全保障委員会『安全保障の今日的課題―人間の安全保障委員会報告書』朝日新聞社　二〇〇三年
東野真『緒方貞子―難民支援の現場から』集英社新書　二〇〇三年
緒方四十郎『遙かなる昭和―父・緒方竹虎と私』朝日新聞社　二〇〇五年
読売新聞（連載記事）「時代の証言者」二〇〇五年
『みこころ会会報　第70号』みこころ会　二〇〇八年
梯久美子『昭和二十年夏、女たちの戦争』角川書店　二〇一〇年

（2013年8月17日放送）

語り	橋爪 功
出演	斉藤由貴
	佐津川愛美　品川 徹　佐々木すみ江　永島敏行　ほか
主題歌	ヘイリー「明日に架ける橋」
音楽	横山 克
声の出演	81プロデュース
撮影	岡野 崇　上泉美雄
音声	塩田 貢　河合清志　折笠慶輔
照明	荻野真也
キャスティング	藤田大輔
美術	松塚隆史　渡邊広子
衣装	久保田俊一　タカシ・バーンハート
ヘアメイク	岩本みちる　アキ・ゲイリー
映像技術	小林永喜
ＶＦＸ	西垣友貴
ＣＧ制作	高崎太介
音響効果	最上 淳　三澤恵美子
編集	高橋勝己　田中美砂
リサーチャー	藤岡ひかり
コーディネーター	キース藤吉　番地 章
	佐藤麻里子　奈良伊久子　喜頭純子
ディレクター	小山靖史
プロデューサー	伊藤 純　平体雄二
制作統括	増田秀樹

取材協力　国連難民高等弁務官事務所(UNHCR)
UNHCR駐日事務所
国際協力機構 (JICA)

撮影協力　聖心女子大学
ロサンゼルス日本語学園協同システム

資料提供　UNHCR　E. Brissaud　P. Moumtzis
J. Crisp　S. Foa　U. Meissner
UN Photo Library　Yutaka Nagata
UN DPI/UNTV/Film & Video Archive
ABC News　VIS　The Oregonian
ITN Source/Reuters　Sis Hayes
T3Media/BBC Motion Gallery
Georgetown University Archives
米国立公文書館　聖心会　原書房
市川房枝記念会女性と政治センター
国際協力機構 (JICA)　上智大学
国際基督教大学　聖心女子学院
国立国会図書館　野林 健　中満 泉
山口みつ子　戸部良一　石坂章子
朽木ゆり子　冨田壽郎　都築忠彦
井上真蔵　伊藤恵子　嘉治美佐子
山下真理　春具　佐々江賢一郎

緒方貞子（おがた・さだこ）

一九二七年九月十六日、東京生まれ。幼少期はアメリカと中国で暮らす。五一年に聖心女子大学卒業、アメリカに留学し、ジョージタウン大学で国際関係論の修士号を、カリフォルニア大学バークレー校で政治学の博士号を取得。博士論文『満州事変と政策の形成過程』は、日米両国で出版され高く評価された。

聖心女子大学および国際基督教大学にて教壇に立った後、七六年、日本の女性として初めて国連日本政府代表部公使となる。八〇～九一年、上智大学教授。その間、国連人権委員会日本政府代表も務めた。九一年より十年にわたり第八代国連難民高等弁務官として難民支援活動に取り組む。二〇〇一年より人間の安全保障委員会共同議長、アフガニスタン支援総理特別代表を務める。〇三年、独立行政法人となった国際協力機構（JICA）の初代理事長に就任、一二年まで世界の途上国を対象に開発援助に取り組んだ。

著書に『満州事変――政策の形成過程』（岩波現代文庫）、『私の仕事』（草思社）、『紛争と難民 緒方貞子の回想』（集英社）などがある。

小山靖史（こやま・やすし）
1961年東京都生まれ。早稲田大学第一文学部卒業。86年NHK入局。主にドキュメンタリー番組制作を担当。「世紀を越えて」「5億丁の戦慄〜小型武器拡散を追う〜」「激流中国」など数多くのNHKスペシャルを手がける。その他、「渡辺謙 アメリカを行く」を2009年と11年に制作。広島で被爆し戦後アメリカで苦労を重ねた日系人の姿や、在米日系人の強制収容所体験などについて伝えた。13年、ETV特集「地球の裏側で“コシヒカリ”が実る」で農業ジャーナリスト賞を受賞。

緒方貞子 戦争が終わらないこの世界で

2014年2月25日　第1刷発行
2019年11月20日　第2刷発行

著者　小山靖史

発行者　森永公紀

発行所　NHK出版
〒150-8081　東京都渋谷区宇田川町41-1
TEL 0570-002-151（編集）
TEL 0570-000-321（販売）

ホームページ　http://www.nhk-book.co.jp

振替　00110-1-49701

印刷　亨有堂印刷所、大熊整美堂

製本　ブックアート

ISBN978-4-14-081626-4 C0095